BIBLIOTHÈQUE COMMUNISTE

N. BOUKHARINE

La Bourgeoisie internationale et son Apôtre Karl Kautsky

(Réponse à Kautsky)

1925
LIBRAIRIE DE L'HUMANITÉ
120, RUE LAFAYETTE, 120. — PARIS (X°)

PRIX : 5 Francs

BIBLIOTHÈQUE COMMUNISTE

IMPRIMERIE FRANÇAISE (Maison J. DANGON)
123, rue Montmartre, Paris (2e).
Georges DANGON, imprimeur.

La Bourgeoisie internationale et son apôtre Karl Kautsky

(Réponse à Kautsky)

BIBLIOTHÈQUE COMMUNISTE

N. BOUKHARINE

La Bourgeoisie internationale et son Apôtre Karl Kautsky

(Réponse à Kautsky)

1925
LIBRAIRIE DE L'HUMANITE
120, RUE LAFAYETTE, 120. — PARIS (X^e)

A Klara Zetkin

Au vétéran de la lutte du prolétariat pour son émancipation;

A l'un des quelques combattants qui ont gardé immaculé le drapeau du marxisme révolutionnaire, malgré la trahison de leurs anciens compagnons d'armes;

Au champion d'avant-garde de l'Internationale Communiste;

A l'amie fidèle de l'Union Soviétique;

A la camarade courageuse continuellement sous le feu de l'ennemi;

En témoignage de sa profonde affection,

L'auteur dédie ce livre.

PREFACE

Cette brochure a été publiée par parties successives dans la Pravda, *organe central du P. C. R. Elle est une riposte à la brochure de Kautsky, qui se distingue à la fois et par une ignorance complète de la situation en U. R. S. S. et par un esprit nettement contre-révolutionnaire. Le pamphlet de Kautsky a pour but de préparer l'opinion publique à une guerre contre l'U. R. S. S. et à un coup d'Etat contre-révolutionnaire. Il est en contradiction flagrante avec les déclarations et écrits des ouvriers social-démocrates qui ont parcouru notre pays et qui sont arrivés à des conclusions diamétralement opposées à celles de Kautsky. Il y a là non seulement une différence d'information (car, quoi qu'on dise, on voit beaucoup moins de Berlin que des postes d'observation où se trouvaient les prolétaires qui ont visité notre pays), mais aussi une différence de point de vue de classe : Kautsky idéologiquement est de l'autre côté de la barricade.*

Cette brochure est écrite sur un ton violent, car Kautsky ne mérite pas de ménagements. Néanmoins, elle met en lumière tous les arguments fondamentaux, et même la plupart des arguments secondaires de Kautsky. Elle est destinée en premier lieu aux prolétaires étrangers qui ne se sont pas encore décidés à rompre avec des chefs comme Kautsky. Mais, comme elle touche et éclaire théoriquement les questions essentielles de notre vie courante, elle peut être utile également aux masses ouvrières de notre Union. Elle leur montrera toute la déchéance du théoricien de la IIe Internationale.

Soit dit en passant, les ouvriers social-démocrates allemands qui étaient venus en Russie ne pouvaient croire que Kautsky eût écrit une telle horreur. Et ce n'est que lorsqu'ils virent un exemplaire de l'opuscule de Kautsky et qu'ils le lurent eux-mêmes qu'ils durent se rendre à l'évidence et se détournèrent de Kautsky. L'exemplaire de la brochure de Kautsky d'après lequel j'ai composé ma réponse est orné d'une inscription « social-démocrate » significative.

Comme on le voit, il nous faut intensifier notre p[illegible]agande et lui donner un large caractère explicatif. Cela est d'autant plus nécessaire que la bourgeoisie mène maintenant contre nous une furieuse campagne dont le fameux mémorandum de M. Kautsky est un des anneaux.

Moscou, août 1925.

N. BOUKHARINE.

La Bourgeoisie internationale et son apôtre Karl Kautsky

L'expérience de ces dernières années a montré avec évidence que la social-démocratie est un des remparts les plus solides du régime bourgeois. Avec une fidélité et un zèle de chiens couchants, ses lead.rs, ses théoriciens, ses publicistes exécutent les directives des puissants de ce monde. Quand le temps est à l'orage, quand la bourgeoisie prépare une répression quelconque, quand il lui faut berner, intimider, bâillonner le public et recruter parmi les philistins effrayés une armée de « boutiquiers enragés » elle lâche la social-démocratie, qui entre alors en scène. Il accomplit merveilleusement ses fonctions, ce parti socialiste ! Et lorsque les affairistes et les requins de la spéculation, comme Barmat, délient soudain les cordons de leur bourse, les socialistes, le front haut, prennent leur récompense : c'est là de l'argent bien gagné.

L'histoire mondiale, à n'en pas douter, entre maintenant dans une nouvelle phase. Le pays de la Révolution prolétarienne se développe et se fortifie. En Orient, une flamme immense s'élève, dont les reflets se projettent jusque sur les fenêtres des banques de Londres et de Paris et épouvante les classes dominantes du monde entier. Un cri de haine contre nous part de toutes les maisons bourgeoises. Et pendant qu'on mitraille le peuple chinois pour la plus grande gloire de l'humanité, de la chrétienté, de la civilisation et de la hausse des actions coloniales, on trame contre l'union des Etats prolétariens tout un réseau d'intrigues, de complots et d'alliances militaires, on prépare le blocus financier de la Russie des Soviets. Nous ne craignons guère la fureur de la bourgeoisie : elle s'est déjà brisé les dents, elle se les brisera encore. Avec la guerre du Maroc, l'état désastreux des finances françaises, le chômage en Angleterre, les krachs de banques en Allemagne, le problème des rapports entre l'Entente et l'Allemagne et tous les autres embarras qu'elle a sur le dos, qu'elle vienne donc nous attaquer !

Mais si l'on ne nous attaque pas encore, on se prépare. Et l'instigateur de cette préparation odieuse est maintenant Karl Kautsky qui, d'apôtre du socialisme, s'est transformé en apôtre de la contre-révolution. Il vient de publier une nouvelle brochure intitulée : *L'Internationale et la Russie soviétiste*. On ne saurait lire cet ouvrage sans un sentiment de dégoût profond. Cette rage impuissante de contre-révolutionnaire, cette déliquescence sénile d'une pensée figée, cette inintelligence complète des rapports sociaux, cet aplatissement devant la bourgeoisie dominante, cette mentalité de philistin mis en fureur par la « violation » du droit de propriété, quelle déchéance, même pour un renégat ! Et pourtant, Kautsky fut autrefois un homme !

L'importance internationale de l'Union Soviétique

Karl Kautsky écrivait autrefois, il y a de cela une bonne vingtaine d'années :

> Le foyer de la révolution se déplace d'Occident en Orient. Dans la première moitié du XIX° siècle, il fut en France et parfois en Angleterre. L'Allemagne entra en 1848 parmi les nations révolutionnaires, tandis que l'Angleterre sortait de leur rang. A partir de 1870, la bourgeoisie de tous les pays commence à perdre les derniers vestiges de ses aspirations révolutionnaires. A partir de ce moment, les termes *révolutionnaire* et *socialiste* deviennent des équivalents.

Le siècle nouveau commence par des événements qui nous induisent à penser que nous allons vers un déplacement du foyer de la révolution, qui va s'établir en Russie... En 1848, les Slaves furent la gelée tardive qui tua les fleurs du printemps populaire. Peut-être leur est-il maintenant dévolu de déchaîner l'ouragan qui brisera les glaces de la réaction, apportant irrésistiblement avec lui un nouveau printemps, un heureux printemps des peuples. (*Les Slaves et la Révolution*, article publié dans l'*Iskra* en 1902.)

Marx qui (au contraire de nos piteux socialistes accoutumés à parler, avec le mépris propre aux larbins civilisés, des « mullahs de Khiva » et des « communistes Turcomans ») attachait la plus grande importance au mouvement révolutionnaire des colonies, écrivait jadis sur les événements de Chine :

Lorsque, dans un prochain avenir, nos réactionnaires d'Europe se sauveront à travers l'Asie et qu'ils arriveront enfin à la grande muraille de Chine, aux portes de la réaction et du conservatisme éternels, ils risquent d'y trouver ces écriteaux :

République Chinoise.
Liberté, égalité, fraternité.

Et, le 14 juin 1853, dans la *New-York Tribune* :

On peut hardiment prédire que la révolution chinoise jettera une étincelle dans la mine bourrée d'explosifs du système industriel moderne, provoquant l'explosion dès longtemps préparée d'une crise générale qui sera suivie, lorsqu'elle s'étendra à l'étranger, de révolutions politiques sur le continent. Ce sera un spectacle curieux que celui de la Chine provoquant des troubles en Occident, tandis que les puissances enverront des vaisseaux de guerre anglais, français et américains, rétablir l'ordre à Changhaï, à Nankin et à l'embouchure du Grand Canal.

Certes, bien des choses ont changé. Trois quarts de siècle se sont écoulés, d'ailleurs. Bien des choses ont changé aussi depuis que Kautsky écrivait son article prophétique sur le rôle du prolétariat russe. Kautsky lui-même a changé, failli et trahi, Mais l'important, c'est que les tendances essentielles du dévelop pement social prédites par Marx et Kautsky première manière se sont entièrement vérifiées. Une guerre effroyablement destructive ; une série de révolutions gravitant autour de la Russie ; le développement rapide des colonies ; le coup de tonnerre de la révolution chinoise (400 millions d'hommes en branle). Où en est la « réaction perpétuelle » ?

Essayons de discerner le fait dominant de la situation actuelle. Quel est-il ? Il se définit en trois mots : Union Soviétiste, Chine. Qui fait l'objet des craintes de la bourgeoisie internationale ? Contre qui s'arme-t-elle, s'efforçant même d'oublier ses discordes nationales ? Contre l'U. R. S. S., le plus grand facteur politique anticapitaliste existant. La bourgeoisie comprend que la victoire des travailleurs en Chine, la répétition là-bas, de « l'expérience russe », marquerait la fin de son régime. L'un de ses politiques les plus perspicaces, M. Lloyd George, le dit tout net. Ce bourgeois intelligent a beaucoup plus de coup d'œil marxiste que n'en ont les agents socialistes de la bourgeoisie (car le rôle subalterne des agents restreint forcément l'horizon). La bourgeoisie craint-elle Kautsky, la IIe Internationale, les réformistes ? Allons donc ! Jamais et nulle part.

La bourgeoisie a-t-elle peur d'Amsterdam ?

Nullement.

Mais elle a peur que l'influence de l'Internationale Communiste ne pénètre parmi les travailleurs organisés dans l'Internationale d'Amsterdam.

Elle ne redoute que les communistes. Elle ne pend que les communistes. Kautsky peut être tranquille. Il ne finira pas sur la potence. Il crèvera tout seul de crevaison naturelle.

La bourgeoisie redoute l'Union des républiques prolétariennes qu'elle combat comme elle peut.

N'est-ce pas l'évidence ?

C'est l'évidence. Mais les apologistes du capitalisme existent précisément pour falsifier la vérité. Il y a dans leurs mensonges une logique : celle du service du capital.

Le capital a besoin qu'on lui fasse du blanc avec du rouge. Serviable et servile, Karl Kautsky s'en charge.

Des années durant, le gouvernement des Soviets s'est principalement occupé d'asservir, de corrompre, de berner le prolétariat tant en Russie que hors de Russie... Il constitue maintenant l'obstacle le plus grand à la montée du prolétariat dans le monde entier, un obstacle pire que les abominables régimes Horty en Hongrie et Mussolini en Italie. (Karl Kautsky, *L'Internationale et la Russie des Soviets*, p. 11.)

Kautsky affirme que la Russie vit aujourd'hui, comme avant la révolution de 1905, sous la domination d'une autocratie. Et il se demande, au nom de son Internationale Ouvrière Socialiste, s'il ne convient pas d'adopter vis-à-vis du gouvernement des Soviets, considéré comme « l'absolutisme russe reconstitué, l'attitude que la IIe Internationale adopta dès le début envers le tsarisme ».

A cette question Kautsky répond par l'affirmative ! Car, voyez-vous, le plus grand changement qui s'est accompli en Russie, c'est que l'absolutisme gouverne non de Pétersbourg mais « de Moscou, plus loin de l'Europe, plus près de la Tartarie », ce qui est évidemment condamnable, les Tartares n'étant guère des hommes du point de vue des exploiteurs civilisés et de leurs larbins.

Nous laisserons pour le moment de côté les témoignages innombrables de personnes en désaccord avec Karl Kautsky. Nous tenterons l'analyse de ses assertions, quelle que soit leur criante absurdité.

Ainsi l'Union Soviétique est un gendarme international. Ennemie des ouvriers, elle les trompe et les extermine. Admettons-le.

Mais Kautsky lui-même ne nie pas que l'époque actuelle soit pour le capitalisme « pleine de menaces ». D'où viennent ces menaces ? Du monde ouvrier. Mais alor si l'Union Soviétique est un facteur de réaction comme le fut autrefois le tsarisme, n'est-il pas vrai qu'elle constitue l'appui le plus solide du capitalisme ? Et, s'il en est ainsi, n'est-il pas vrai que le capitalisme lui doit aide et ménagement, concours financier, soutien matériel et soutien matériel et soutien moral ? Kautsky comprenait, il y a une vingtaine d'années, que la République française sauvât l'autocratie russe en lui prêtant son argent. Car l'autocratie russe était un rempart contre la révolution.

Et maintenant ?

Maintenant si, dans sa haine de l'Union Soviétique, la bourgeoisie internationale lui accorde la paix, c'est qu'elle ne peut pas faire autrement.

Comment expliquer que la bourgeoisie internationale soit si malveillante à l'égard de ceux qui la soutiennent ? Et comment expliquer ses prévenances envers les Kautsky et leur parti financé par les Barmat ?

Comment se fait-il que le nom de Lénine et l'étoile rouge à cinq branches soient connus de tous les opprimés de tous les continents, tandis que les méchantes inventions des Kautsky sont éditées, citées, bénies des idéologues bourgeois de tous les pays ?

Kautsky ne nous répondra pas. Car la réponse à ces questions lui est un soufflet.

Mais considérons de plus près l'influence de l'Union Soviétique. Voyons quel « obstacle elle constitue à la montée de la classe ouvrière ».

Commençons par l'Angleterre, pays classique du capitalisme, pays qui tient dans ses mains de fer la moitié de l'univers.

Il y a longtemps, longtemps, Kautsky, n'étant pas encore le renégat Kautsky, disait du prolétariat anglais :

> Le prolétariat ne se distingue nulle part par une si grande force numérique ; nulle part son organisation économique n'a atteint un si haut degré de développement ; nulle part il ne jouit d'une telle liberté politique qu'en Angleterre ; et pourtant, nulle part il ne souffre d'une telle impotence politique...
>
> Facteur politique, les ouvriers anglais se situent maintenant à un niveau plus bas que les ouvriers du pays économiquement le plus arriéré et politiquement le moins libre de l'Europe, la Russie. Une vivante conscience révolutionnaire donne aux ouvriers russes leur grande force

pratique ; le reniement de la révolution, le désir de ne pas aller au delà des intérêts de l'instant, ce qu'on appelle la politique réaliste, voilà ce qui fait des ouvriers anglais un facteur politique nul. (Karl Kautsky, *La Révolution Sociale*.)

Il écrivait encore :

Les prolétaires ne sont montés aussi haut que là où ils sont restés en antagonisme irréductible avec la bourgeoisie... Les ouvriers anglais sont maintenant des petits bourgeois qui ne se distinguent des autres petits-bourgeois que par une culture moindre et dont l'idéal est de singer leurs maîtres, leur respectabilité hypocrite, leur culte de la richesse, leurs divertissements vulgaires.

Kautsky s'attaquait alors, avec passion, aux socialistes fabiens, aux opportunistes, aux politiciens « réalistes ».

Hélas ! les fabiens sont devenus les fournisseurs d'idées de Kautsky et de la social-démocratie allemande. Et les singes de l'espèce de Mac Donald qui, durant leur passage au pouvoir, n'ont appris qu'à s'incliner devant le roi et à porter la traîne de son manteau, sont devenus les leaders de l'Internationale de Kautsky.

Mais il y a eu un gouvernement ouvrier en Grande-Bretagne ?

Oui.

Les ouvriers anglais marchaient sur leur bourgeoisie en exigeant la reconnaissance de l'Union des Soviets. Ils portèrent ainsi au pouvoir le bienheureux Mac Donald.

Qu'on essaye de nous démontrer que le rapprochement syndical anglo-russe est une liaison avec la bourgeoisie et non une libération des trade-unions de l'influence bourgeoise. Car se libérer de l'influence bourgeoise, c'est, comme l'exposait si bien Kaustky dans sa jeunesse, pour les ouvriers anglais se soustraire à l'influence des Webb, des Mac Donald — ces prédicateurs de dimanche — des Snowden et autres farceurs qui ne rêvèrent jamais d'un « antagonisme irréductible avec la bourgeoisie ». Mais ces hommes sont les compagnons de lutte et les coreligionnaires politiques du Kautsky d'aujourd'hui ! Ils sont les maîtres de l'heure dans la II° Internationale ! Ils sont ses leaders reconnus !

L'influence russe, l'influence de la dictature du prolétariat, l'influence des bolchéviks libèrent de l'influence bourgeoise. Tout le monde en convient. Et c'est pourquoi M. Hicks interdit aux communistes étrangers l'accès de l'Angleterre, alors qu'il serait enchanté de recevoir la visite d'un Kautsky.

Mais peut-être est-ce en Chine, aux antipodes, que l'Union Soviétique et les bolchéviks russes font obstacle à l'essor du mouvement ouvrier ?

Quel faussaire le soutiendra ?

En France, le Parti Communiste est le seul à combattre une odieuse guerre impérialiste. Le Parti Socialiste des amis de Kautsky suit, quoique en rechignant, le gouvernement français.

Nous ne nous arrêterons pas sur l'Allemagne. Nous rappellerons seulement que, lorsque les Français entraient dans la Ruhr et faisaient occuper, au nom de la civilisation, des villes allemandes par leur armée noire, le seul pays qui protestât hautement contre cette violence, c'était l'U.R.S.S. et le seul parti qui élevât la voix contre ce brigandage international, c'était le Parti Communiste.

Il faut vraiment être un triste sire pour écrire ensuite à propos de Moscou et de la III° Internationale :

« Des phraseurs ignorants et des gredins sans caractère peuvent seuls s'y installer » (Karl Kaustky, *L'Internationale et la Russie des Soviets*, p. 11).

Eh ! Mais regardez-vous dans la glace, intègre citoyen Kautsky !

Où faut-il chercher les racines de cette propagande venimeuse ? Jusqu'où faut-il fouiller pour savoir comment un homme qui passa pour marxiste a pu tomber aussi bas ?

Peut-être les lignes suivantes de sa nouvelle brochure nous fournissent-elles l'explication. Ce qui s'est passé en Russie, c'est « un simple pillage des possédants, que tout voleur et brigand comprend du premier coup ».

Voici comment est analysée la théorie de la révolution mondiale des bolchéviks :

> Les bolchéviks voyaient leur salut dans le pillage des pays plus riches de l'Europe Occidentale. C'est pourquoi il leur fallait la révolution mondiale, la guerre avouée ou non avec les gouvernements étrangers...

Ces citations n'ont pas besoin de commentaires. Ces lignes sont d'un petit propriétaire exaspéré qui craint pour sa robe de chambre et pour son livret de caisse d'épargne.

Le monarchiste russe V. V. Choulguine a exprimé la même philosophie de la révolution russe (celle de février !) avec un talent littéraire beaucoup plus remarquable. Lisez plutôt :

> Je ne trouvai rien au buffet, bondé de monde comme toutes les pièces. Tout avait été dévoré. On avait bu jusqu'à la dernière tasse de thé. Le restaurateur, désolé, m'apprit qu'on avait volé toutes ses cuillères en argent... C'était le commencement. Le peuple révolutionnaire fêtait ainsi l'aurore de sa libération. Je compris pourquoi la foule avait un visage unique, inexprimablement hideux : toutes ces gens avaient été des voleurs, toutes ces gens seraient des pillards... La révolution consistait en cette transformation de voleurs : ils devenaient une classe de pillards.

Le réactionnaire Choulguine réagissait devant la révolution en bon disciple de Kautsky :

> Je me sentis, dit-il, pris d'une fureur triste, impuissante et d'autant plus violente.
> — Des mitrailleuses !
> Des mitrailleuses, voilà ce que j'eusse voulu. Je sentais que la tourbe de la rue n'entendrait que le langage des mitrailleuses, je sentais que le plomb seul pourrait faire rentrer dans sa tanière le fauve échappé...
> Hélas ! ce fauve c'était Sa Majesté le Peuple Russe !

Nous verrons bientôt Kautsky en appeler aux mitrailleuses. Nous n'avons voulu aujourd'hui que marquer l'étonnante similitude de pensée et de sentiments qui rapproche le réactionnaire russe du théoricien social-démocrate.

L'absolutisme des Romanov et l'« absolutisme » des bolchéviks

Kautsky, comme nous le verrons, appellera contre le pouvoir soviétiste différentes forces armées. Mais auparavant il est soi-disant prêt à essayer de tous les autres moyens : persuasion, arguments scientifiques, appel aux sentiments d'ancienne camaraderie, de pudeur et d'humanité.

Nous préférons parler ici des arguments scientifiques, car nous ne comprenons pas de la même façon que Kautsky les sentiments de pudeur et d'humanité qui ont poussé les social-démocrates à espionner, à massacrer Liebknecht et Rosa Luxembourg, à se ranger aux côtés de Noske quand il faisait fusiller les ouvriers, à se lier avec Barmat et à soutenir en Bulgarie la politique de Tsankov.

Examinons donc les arguments « scientifiques » de Kautsky.

Ces arguments, nous les avons déjà vus dans la question de la signification internationale de l'U. R. S. S. : ils ressemblent comme deux gouttes d'eau à ceux de la Sûreté générale des gouvernements capitalistes et il suffit de la plus légère critique pour en découvrir la fausseté interne. Voyons pourtant comment le « critique du bolchévisme » argumente dans les autres questions.

L'un des problèmes capitaux pour Kautsky est celui de l'absolutisme des bolchéviks. Kautsky, il est vrai, en l'occurrence, démontre bien moins qu'il ne décrète. Néanmoins, il nous faut examiner ses « décrets ».

Ainsi donc, donnons la parole à Kautsky.

De nouveau domine en Russie une force barbare, qui foule impudemment aux pieds les lois élémentaires du droit et de la morale. De nouveau, nous avons été témoins de l'indifférence stupide avec laquelle l'Europe a regardé s'effectuer la conquête des forteresses des montagnes caucasiennes. L'unique changement, c'est que cette indifférence n'a pas été seulement le fait des classes supérieures et que cette force barbare a sa tête non pas à Pétersbourg, mais à Moscou, plus loin de l'Europe et plus près de la Tartarie, et qu'elle étend ses tentacules bien moins sur les cabinets ministériels que sur chaque mouvement prolétarien d'Europe et du monde entier (p. 5 et 6).

Voilà le décret n° 1. Nous n'y répondrons pas pour le moment et nous citerons d'autres thèses du « savant » social-démocrate :

Certes, le despotisme bolchéviste diffère de ceux avec qui nous avons eu affaire jusqu'à présent en ce que les nouveaux despotes ont été jadis nos camarades...

Néanmoins, en Amérique, nombreux sont les millionnaires qui, dans leur jeunesse, étaient des prolétaires extrêmement pauvres. Leur origine prolétarienne ne les empêche nullement de devenir plus tard les exploiteurs les plus cyniques et les plus impitoyables du prolétariat. Il en est de même des bolchéviks. Le fait qu'ils se sont élevés des bas-fonds du prolétariat à un pouvoir illimité ne garantit aucunement qu'ils pensent à la manière des prolétaires et respectent le prolétariat ; ils ne se distinguent des autres classes dominantes que par une cruauté et une impudence particulières (p. 14 et 15).

Voilà l'argument scientifique, n° 2.

Comme tout autre despotisme militaire, comme les monarchies militaires des Romanov, des Habsbourg, des Hohenzollern, le despotisme bolchéviste, lui aussi, doit être abattu par la force.

C'est là la déduction « scientifique » de ce qui précède.

Et voilà toute la philosophie de Karl Kautsky !

A l'exception de la proposition concernant notre ancienne camaraderie, tous les arguments de Kautsky se retrouvent dans n'importe quel pamphlet bourgeois sur la dictature du prolétariat en Russie : et dans les œuvres qui nous viennent de l'étranger et dans les élaborations des réactionnaires russes, depuis les monarchistes jusqu'aux s.-r. y compris. Les prolétaires russes lirent avec indignation les déclarations contre-révolutionnaires et haineuses de Kautsky. Mais nous écrivons aussi pour les camarades étrangers aveuglés par la presse bourgeoise, et c'est pourquoi nous devons examiner les absurdités de Kautsky.

Tout d'abord, ce qui frappera tout marxiste, c'est la légèreté avec laquelle l'auteur se comporte envers l'analyse de classe du pouvoir étatique. Kautsky met sur le même plan l'absolutisme des Romanov, des Habsbourg, des Hohenzollern et des bolchéviks. Feignons pour un instant de ne pas être indignés d'une pareille façon d'agir. Faisons abstraction de notre indignation contre le théoricien qui, un jour, sera certainement décoré par son gouvernement. Examinons tranquillement la question.

Si Kautsky était tant soit peu honnête, il devrait poser la question des classes.

Quelle était la base de la monarchie des Romanov ? C'était, dans la proportion de 99 %, les domaines semi-féodaux. Le grand propriétaire foncier semi-esclavagiste était la base de classe de la monarchie des Romanov. Ce trait caractéristique, asiatique pourrait-on dire, des fondements économiques de l'autocratie explique parfaitement pourquoi la question agraire a eu une si grande importance dans la révolution russe.

Quelle était la base de la monarchie des Hohenzollern ? C'était le bloc des capitalistes urbains avec les junkers, les agrariens, c'est-à-dire avec les grands propriétaires fonciers, bloc dans lequel ces derniers avaient encore une influence très considérable. Il en était à peu près de même en Autriche.

Pourquoi l'autocratie russe était-elle l'ennemi le plus dangereux du prolétariat international ? Parce ce que c'était la force la plus réactionnaire dans le monde, et cela parce que sa base était constituée par la classe économiquement et socialement la plus réactionnaire. L'Etat dans lequel il y avait le plus de survivances féodales et dont la base était la grande propriété foncière semi-féodale était le gendarme de l'Europe et le rempart de la réaction.

Cela n'est-il pas compréhensible ? N'est-il pas compréhensible également que, en ce qui concerne le rôle de gendarme, l'Allemagne et l'Autriche étaient les pays les plus proches de la Russie, parce que, dans ces pays, les révolutions bourgeoises n'avaient pas liquidé aussi radicalement la propriété foncière féodale que, par exemple, en France ?

De quelque façon que l'on apprécie notre révolution, on ne saurait nier qu'elle a, mieux que n'importe quelle autre, abattu et supprimé le grand propriétaire foncier féodal. Kautsky ne nie pas que le propriétaire foncier ait été exproprié, quoique ce « pillage » n'ait guère l'heur de lui plaire. Or, s'il en est ainsi, comment un homme prétendant au titre de marxiste peut-il mettre sur le même plan les Romanov, les Habsbourg, les Hohenzollern et les bolchéviks ?

Ce n'est pas là du marxisme vulgaire, c'est de l'ignorance crasse. Ce n'est que dans la langue de Kautsky que ces arguments peuvent être qualifiés de « scientifiques » ; ils n'ont absolument aucune valeur.

Cela est tellement évident, l'apologie de Kautsky est si grossière et si inintelligente, que Dan lui-même, le maître des destinées du parti menchévik, a dû s'élever contre Kautsky. Au sujet de la brochure de Kautsky, il écrit :

> Par malheur, dans l'élaboration de son thème fondamental, Kautsky n'a pas donné ce que nous étions en droit d'attendre du leader théorique du marxisme... Dès le premier chapitre de sa brochure, où il demande que l'Internationale actuelle ait à l'égard de l'absolutisme bolchéviste une attitude semblable à celle que Marx exigeait de la Ire Internationale à l'égard de l'absolutisme tsariste, Kautsky, au lieu d'une telle analyse, se borne à mettre un signe d'égalité entre ces deux absolutismes.
>
> Est-il possible de substituer à une analyse sociale et économique concrète d'un phénomène historique comme le bolchévisme russe, une classification logique formelle, qui fait de cet « enfant de la révolution » un représentant de l'absolutisme au même titre que la révolution des Romanov ? Une telle méthode amène aux déductions les plus inattendues, dont Milioukov lui-même a dû signaler l'étrangeté.

Spectacle hilarant ! Dan et même Milioukov enseignant le marxisme à Kautsky ! Dans son désir de servir la bourgeoisie, le malheureux renégat se presse tellement qu'il trébuche, que son masque de marxiste se défait et que Milioukov est obligé de le lui arranger.

Ainsi donc, mettre le pouvoir des bolchéviks sur le même plan que l'absolutisme, c'est ne rien comprendre à ces phénomènes ou tricher malhonnêtement. Nous laissons à Kautsky le choix entre ces deux interprétations.

Continuons l'examen de notre sujet. Si, en U. R. S. S., le gouvernement n'est pas la domination des grands propriétaires fonciers et s'il n'est pas non plus la domination du prolétariat, qu'est-il donc ? Quelle est sa racine de classe ? Quelle est l'opinion de Kautsky là-dessus ?

La meilleure interprétation de la pensée de Kautsky serait la suivante. Les bolchéviks ont pris le pouvoir en tant que parti prolétarien ; puis, arrivés au pouvoir, ils ont dégénéré, ils ont cessé d'être un pouvoir prolétarien, ils ont accompli la même évolution que certains millionnaires américains sortis des milieux ouvriers. Seulement, ces derniers se sont élevés grâce à de fructueuses affaires personnelles et leur participation au pouvoir étatique est le résulta des gains, des profits qu'ils ont réalisés, tandis que, chez les bolchéviks, le profit personnel est survenu comme conséquence de la prise du pouvoir politique. Nous le répétons, c'est là la meilleure interprétation que l'on puisse donner des remarques éparses dans la brochure de Kautsky.

S'il en est ainsi, tous ceux qui empêchaient le parti du prolétariat de travailler, tous ceux qui sabotaient son travail ; tous ceux qui, avec les généraux et les bourgeois, prenaient les armes contre ce parti jouaient objectivement un rôle contre-révolutionnaire et méritaient d'être châtiés par le peuple. Penser que la révolution d'Octobre a été effectuée par une poignée d'usurpateurs, c'est s'écarter en principe de la méthodologie marxiste. Il y aurait là ainsi une complète justification de la tactique bolchéviste jusqu'au moment de la « dégénérescence » du parti.

Mais admettons que tout cela ne soit que de l' « histoire ancienne » et que Kautsky veuille un examen non pas de ce qui a été, mais de ce qui est. Parfait. Considérons les bolchéviks comme des dégénérés, dans le genre des millionnaires américains sortis des rangs ouvriers. Faisons cette supposition et admettons pour un instant avec Kautsky qu'il en est ainsi.

Kautsky a choisi assez malencontreusement l'exemple des Américains. Si, en Russie, à la place du tsarisme, c'est-à-dire du pouvoir étatique des propriétaires féodaux, il y a maintenant le pouvoir d'une bourgeoisie comme en Amérique, Kautsky doit en être enchanté. En effet, il ne fait que lécher les bottes des Américains, comme tous les social-démocrates allemands, d'ailleurs, qui ne cessaient jadis d'encenser Wilson et qui, maintenant, contemplent avec admiration la poche de l'oncle Sam. Il est vrai que la forme de gouvernement n'est pas tout à fait la même en Amérique que chez nous, mais du moment que la nature de classe est identique, inutile de s'embarrasser de la forme. Il est vrai que Kautsky, qui dit maintenant que les *self-made-men* américains sont les exploiteurs les plus impitoyables et les plus cyniques, n'en déduit pas qu'il faut renverser le gouvernement des Etats-Unis. Mais on peut pardonner cette inconséquence (ou cet oubli) à un vieillard... Mais le lecteur ne voit-il pas combien l'ex-ministre de la République socialiste, le fidèle sujet de Hindenburg, Karl Kautsky, s'est enferré avec ses arguments scientifiques ?

Personne ne contestera que les *nepmans* soient précisément une bourgeoisie type américain, une bourgeoisie arriviste, sans blason, sans traditions, une bourgeoisie de *self-made-men*. Néanmoins, nous, bolchéviks, nous ne lui accordons pas de droits politiques, comme le voudraient les Kautsky. Comment expliquer une telle différence entre ce qui se passe en Amérique et en U. R. S. S. ?

On voit du coup à quelles contradictions Kautsky se trouve amené par sa supposition gratuite du caractère bourgeois américain du pouvoir soviétiste. En effet, si cette supposition était juste, il serait impossible d'expliquer pourquoi nous comprimons la nouvelle bourgeoisie, pourquoi nous la privons de droits politiques, pourquoi nous la combattons avec acharnement sur le front économique. (On ne saurait nier, en effet, que notre économie d'Etat lutte avec succès contre l'économie privée de la bourgeoisie de la Nep.) Du point de vue de Kautsky, tous ces faits sont inexplicables. Pour les rendre intelligibles, il faut rejeter son hypothèse et en adopter une autre.

On pourrait présenter la question sous un autre angle. Kautsky parle de « dégénérescence », de « millionnaires », de « dédain pour le prolétariat », de « politique antiprolétarienne ». Mais il ne donne aucune preuve, il se borne à hurler contre la terreur. Kautsky a-t-il la moindre donnée sur la situation matérielle des membres de notre parti ? Essaye-t-il d'analyser sous cet angle la question de la dégénérescence ? Où sont les « millions » qui lui permettraient d'établir une analogie entre les richards américains et nous ? Kautsky les a lui-même inventés, à moins qu'il ne prenne ses renseignements chez les émigrés monarchistes, qui lui racontent les histoires de brillants et de collier de Zinoviev et qui fabriquent les fausses lettres sur lesquelles s'appuie Ramsay Mac Donald. Kautsky ne souffle mot de la « promotion de Lénine », de la croissance de notre parti et des Jeunesses communistes, de l'augmentation du bien-être matériel des ouvriers. Rien dans sa brochure n'indique qu'il ait connaissance de ces faits.

Kautsky, manifestement, ne s'appuie que sur son « intuition géniale » et sur les racontars des gardes-blancs, qui sont en vérité une excellente source pour un savant consciencieux.

Ainsi donc, l'hypothèse du caractère bourgeois américain de notre pouvoir est à rejeter entièrement. Cependant, il faut donner une réponse à la question du caractère de classe du pouvoir soviétiste : on ne saurait se dérober à cette question, ce qui, d'ailleurs, serait honteux pour un marxiste.

Comme on l'a vu, Kautsky déclare que nous sommes une « classe dominante », qui ne se distingue « des autres classes dominantes que par une cruauté et une impudence particulières ». Mais un enfant même verrait l'insuffisance d'un tel critérium pour la classification des classes dominantes. Kautsky, il est vrai, a maintenant fait des progrès : en deux temps et trois mouvements, il a remplacé la dictature du prolétariat par la coalition avec la bourgeoisie. Mais nous ignorions jusqu'à présent que la conception de « classe » s'établissait à l'aide de raisonnements sur la « brutalité » au lieu d'être basée sur des critériums économiques et sociaux précis et objectifs.

> Les bolchéviks, écrit Kautsky, en sont arrivés à vivre de leur domination sur le prolétariat et de l'exploitation de ce dernier. Mais ils n'ont nulle envie de céder cette position à la classe des capitalistes. C'est pourquoi ils sont maintenant au-dessus du prolétariat et au-dessus du capital et cherchent à faire de l'un et de l'autre leurs instruments.

On le voit, dans l'intervalle de quelques pages, l'hypothèse « américaine » est rejetée par son auteur même et remplacée par la conception d'une classe au-dessus du capital et du prolétariat. Kautsky écrit même que nous sommes pas « une force amie du capital », mais que nous exploitons tout simplement le capital comme le prolétariat.

Cette remarquable analyse sociologique mérite qu'on s'y arrête un moment. Mais auparavant il est nécessaire de faire quelques remarques.

Tout d'abord, selon Kautsky, nous ne pouvons être un pouvoir paysan et exprimer les intérêts de la paysannerie.

En second lieu, selon Kautsky, le pouvoir soviétiste ne saurait être considéré comme le pouvoir des intellectuels organisateurs. Au contraire, Kautsky souligne notre prétendue hostilité envers ces intellectuels.

Ces remarques faites, poursuivons notre analyse.

Ainsi donc, les bolchéviks sont au-dessus du prolétariat et au-dessus du capital. Parfait. Examinons également cette « formule ».

Tout d'abord, une question : ces bolchéviks constituent-ils ou ne constituent-ils pas une classe ?

Admettons qu'ils en constituent une : Kautsky dit, en effet, que cette « classe » se distingue des autres classes dominantes par sa cruauté et son impudence.

Ainsi, les communistes sont une classe sociale. Examinons ce qu'est cette classe spéciale.

Tout d'abord, il faut avoir en vue que le parti (avec les stagiaires) compte environ un million d'adhérents. Une proportion importante de son effectif est représentée par des ouvriers industriels et des paysans travaillant aux champs. Est-ce que ces camarades qui vivent de leurs maigres salaires, qui sacrifient tout, appartiennent aux exploiteurs ? Ce sont des producteurs dans toute l'acception du terme. Ils créent directement des valeurs matérielles et donnent une partie de leur travail à l'Etat. Ils emploient leurs loisirs à un travail social des plus fatigants. Dans quelle catégorie les ranger ?

Si Kautsky les range parmi les exploiteurs, tout le monde se moquera de lui.

Si on les range parmi les exploités, il doit y avoir au sein du parti deux classes, dont l'une est l'ennemie mortelle de l'autre.

Mais il y a encore des employés. Sont-ils des exploiteurs ? Qui l'indique ? Le fait que leur travail ne crée pas directement des valeurs matérielles ? Mais alors, Kautsky est l'exploiteur par excellence, car il n'a jamais touché un outil ni fait un travail productif et il a un niveau de vie supérieur à celui des 999/1.000 des membres de notre parti.

Que reste-t-il donc pour former la « classe » communiste ? Une poignée de « travailleurs responsables ». Pourquoi forment-ils une classe ? Quels sont les éléments constitutifs de cette classe ?

La classe dominante a toujours été caractérisée par le fait qu'elle a le monopole des moyens de production, tout au moins des principaux moyens de production, dans une société donnée. Si un petit groupe d'hommes en U. R. S. S. est la classe dominante, cela signifie qu'il possède en propriété les moyens « nationalisés » de la production. En d'autres termes, il découle de la conception de Kautsky que, par exemple, les membres du Bureau politique, votre serviteur y compris, sont les possesseurs de toute la grande industrie, qu'ils sont une oligarchie capitaliste financière, touchant de la plus-value, qu'ils sont de nouveaux millionnaires. Mais alors, ce petit groupe serait une classe de nouveaux capitalistes millionnaires. Seulement, où sont ces millions ? Où est cette oligarchie capitaliste ? Où sont les profits matériels ? Où est cet étrange consortium ? Kautsky ne nous a-t-il pas confondus avec Barmat ? N'a-t-il pas été victime d'une illusion d'optique ?

Telles sont les absurdités auxquelles on arrive, si l'on examine à fond la pensée de Kautsky.

Supposons toutefois que Kautsky parle de la classe au figuré ou conditionnellement. Admettons que les bolchéviks ne soient pas une classe.

Que s'ensuit-il alors ? Qu'on a une société de classe sans classe dominante ? Un Etat sans contenu de classe ? En somme, un Etat qui serait une quintessence de « grossièreté », de « cruauté » et d' « impudence ».

Drôle de philosophie de la société ! Drôles d'arguments scientifiques !

Si les bolchéviks ne sont pas une classe, ils expriment donc les intérêts d'une certaine classe.

Cette classe, ce n'est pas les grands propriétaires fonciers (Kautsky reconnaît qu'ils sont abattus).

Cette classe, ce n'est pas les capitalistes (Kautsky le reconnaît lui-même).

Cette classe, ce n'est pas les paysans ni les intellectuels (même si l'on considère ces derniers comme une classe).

Que reste-t-il donc ?

Il reste le prolétariat.

Nous reviendrons sur cette question. Maintenant, passons au deuxième problème qui se rapporte directement au sujet. On a vu comment Kautsky analyse merveilleusement la question du contenu de classe du pouvoir soviétiste. Voyons à présent comment il pose la question de la forme du pouvoir étatique.

Nous nous bornerons ici à quelques remarques. Par absolutisme, comme on le sait, on entend une forme d'Etat dans lequel la plénitude du pouvoir est concentrée entre les mains d'une seule personne, cet état de choses étant confirmé juridiquement. L'absolutisme, c'est la monarchie absolue, en opposition à la république ou à la monarchie constitutionnelle. Voilà le seul sens que l'on puisse donner à ce terme, à moins de jouer sur les mots.

Mais il est clair qu'appliquer ce terme à la République des Soviets, c'est précisément jouer sur les mots ou ne pas connaître les principes élémentaires de l'organisation étatique de notre pays.

Certes, Kautsky n'est pas si naïf. En employant frauduleusement le mot « absolutisme », il proteste au fond contre le système d'un seul parti dirigeant, contre le système de la dictature. L'absolutisme « collectif », si l'on peut dire, de la classe des prolétaires, lui déplaît. En effet, comme nous l'avons mentionné, il a créé une théorie dans laquelle la dictature est remplacée par la coalition. Du point de vue de la coalition de la bourgeoisie, la dictature, naturellement, semble de l'absolutisme.

Ainsi donc, le contenu de classe de notre pouvoir est prolétarien.

Quant à sa forme, elle est dictatoriale.

Ce qui met en fureur Kautsky, ce qu'il combat avec acharnement, c'est donc la forme dictatoriale du pouvoir du prolétariat. La dictature du prolétariat, voilà l'objet de la haine de toute la bourgeoisie internationale et de son apôtre social-démocrate.

La terreur bolchéviste, les « socialistes » et les masses

Il nous faut analyser maintenant les rapports politiques intérieurs en U. R. S. S., exposer le tableau qu'en donne Kautsky, puis les montrer sous leur véritable jour. Mais nous devons auparavant examiner quelques raisonnements sur la terreur, car c'est là le dada de Kautsky qui, malgré toutes les explications qu'on lui a fournies, nous ressert là-dessus des arguments mille fois ressassés. Tous ceux qui connaissent les faits savent que, chez nous, la terreur n'est plus à l'ordre du jour. Le temps en est passé, car les forces du peuple ont brisé l'étau de l'intervention et du blocus. Tant que Kautsky et ses adeptes ne réussiront pas à lancer les capitalistes étrangers contre les ouvriers et les paysans de l'U. R. S. S. (ce qui est, comme nous le verrons plus loin, le but principal de l'odieuse brochure de Kautsky), nous n'aurons pas chez nous la terreur. Néanmoins, il nous faut répondre aux « arguments scientifiques » de Kautsky dans cette question et montrer toute la malhonnêteté dont il fait preuve dans le développement de ces arguments.

> Il y a plus d'un siècle, écrit Kautsky, que les puissances féodales absolutistes de la Sainte-Alliance en avaient posé les bases (de l'union internationale). Les révolutionnaires démocrates des différents pays comprirent qu'il leur fallait, dans la lutte contre la réaction internationale, une organisation de rapprochement, de sympathies internationales. Le prolétariat créa alors la première Internationale solide du type actuel (p. 58).

La Sainte-Alliance fut, avant tout, une ligue contre la France qui, même après Thermidor, était un pays révolutionnaire comparativement aux États féodaux du reste de l'Europe. La France révolutionnaire, au sens propre du mot, était avant tout la France de la dictature jacobine. Cette dictature trouva son expression la plus accusée dans le régime de la terreur, qui fut imposé par le blocus, l'intervention étrangère, la guerre, les complots, la famine et la misère.

Mais pourquoi Kautsky fait-il remonter son origine aux démocrates révolutionnaires ? Pourquoi n'approuve-t-il pas les insurrections dirigées contre eux ? Pourquoi ne prend-il pas le parti de l'émigration royaliste ou girondine, qui employa la force armée contre la dictature des Jacobins ?

Serait-ce parce qu'il n'y aurait pas eu de terreur pendant la révolution française ? Ou parce qu'il n'y aurait pas eu de dictature des clubs jacobins ?

En 1923, l'historien officiel de la révolution française, le professeur Aulard, a publié une brochure sur le rôle de la violence pendant cette révolution. Dans sa préface à la traduction russe de cette brochure, le réactionnaire Mirkine-Ghétsévitch écrit :

Aulard a prononcé un discours sur la théorie de la violence, théorie que l'on veut confirmer à Moscou par des exemples historiques de la terreur française. De la sorte, le discours du célèbre historien, qui est en même temps l'idéologue de la démocratie française, prend figure de programme. Aulard a flétri la violence, *principalement parce que* (1) Moscou, qui pratique la terreur et la violence, s'efforce de justifier le sang versé par la Tchéka par la terreur de la Convention.

Brave Mirkine-Ghétsévitch ! Il a dévoilé sans le vouloir le secret des réfutations d'Aulard. Ces réfutations sont nécessaires « principalement parce que Moscou... ».

Et alors, qu'advient-il de la vérité objective dont se préoccupent tant (en paroles) les historiens impartiaux ?

En automne 1793, les Girondins sont chassés de la Convention et les Jacobins deviennent parti dictatorial. Le 5 septembre, une pétition est présentée par Chaumette, qui déclare que la seule méthode de lutte contre les riches est la terreur.

Montagne, sois pour la France un Sinaï. Assez de pitié, il faut les anéantir, sinon c'est eux qui nous anéantiront. (*Moniteur* XVII, n° 250, p. 521).

Les représentants des 48 sections de Paris et du Club des Jacobins déclarent :

Mettez la terreur à l'ordre du jour, montons la garde autour de la révolution, car la contre-révolution règne au camp de nos ennemis. (*Moniteur* XVIII, n° 250, p. 520).

Danton :

Le Tribunal révolutionnaire agit trop lentement. Il faut que quotidiennement un aristocrate et un malfaiteur payent de leur tête leurs crimes. (*Moniteur* XVII, n° 250, p. 523).

---

(1) Souligné par nous (N. B.).

Barère :

Les royalistes veulent du sang, eh bien, nous leur donnerons le sang des conspirateurs... Les royalistes veulent détruire les travaux de la Convention. Conspirateurs, la Convention détruira vos travaux. Vous voulez détruire la Montagne. Eh bien, c'est la Montagne qui vous écrasera. (*Moniteur* XVII, n° 251, p. 531).

Là-dessus, on édicte la « loi sur les suspects », et la guillotine se met au travail sans interruption. Le 18 octobre 1793, la Convention promulgue une loi par laquelle les Commissions révolutionnaires doivent, en province, faire connaître aux emprisonnés les causes de leur arrestation. Mais déjà, le 24 octobre, ce décret est *retiré* car, ainsi que le dit Robespierre, « cela n'aurait fait que contraindre les commissions révolutionnaires à des formalités superflues ». (*Moniteur* XVII, n° 35, pp. 215 et 216). Sur les décrets terroristes, Robespierre s'exprimait ainsi :

Le gouvernement révolutionnaire défend les bons citoyens, il ne connaît que la peine de mort pour les ennemis du peuple (*Moniteur* XIX, n° 97, p. 51).

Et plus loin :

Ceux qui nomment ces lois tyranniques (rappelez-vous l' « absolutisme » et le « despotisme » de Kautsky !) sont des sophistes imbéciles ou des gens corrompus... En définitive, ils ne veulent que la restauration de la tyrannie et la mort de la Patrie. (*Moniteur* XIX, n° 97, p. 51.)

Saint-Just dit, le 10 octobre :

Il ne faut pas seulement punir les criminels, mais aussi les indifférents. Il faut frapper ceux qui, dans la République, sont inactifs et ne font rien pour elle... La justice et l'amour de la paix sont de bons moyens pour les amis de la liberté, mais pour les ennemis il n'y en a point d'autre que l'épée. Il faut gouverner avec le fer quand on ne peut pas gouverner avec la loi. (*Moniteur* XVIII, n° 23, p. 106.)

Si Kautsky s'était donné la peine de prendre connaissance des *faits*, il aurait appris par exemple qu'après le décret du 23 ventôse (13 mars 1794), la peine de mort fut regardée comme une atteinte à la dignité de la Convention ; qu'après la loi du 22 prairial, la loi terroriste la plus dure, on enlève délibérément aux tribunaux toute garantie pour les « droits des accusés » : l'interrogatoire des témoins, la défense, etc, sont supprimés ; la seule peine est la condamnation à mort et le nombre des crimes est extraordinairement élargi. Il est vrai que cette loi était déjà dirigée également contre la gauche, contre les « enragés ». Mais ne pas voir que la *dictature des Jacobins* a été un régime terroriste au plus haut degré, c'est ne rien comprendre ou fermer de parti pris les yeux.

Le langage des « *démocrates* révolutionnaires » ressemblait peu, comme on le voit, au langage doucereux et contre-révolutionnaire du vieux sophiste imbécile Kautsky.

En ce qui concerne la révolution française, il ne faut donc point *rattacher Kautsky aux* « *démocrates révolutionnaires* », mais tout au plus *aux Girondins contre-révolutionnaires. C'est là la première déduction.*

Jadis, G. Plékhanov, homme de beaucoup plus de talent que Kautsky, avait prédit la scission du socialisme en « Montagne » et en « Gironde » dès que surviendrait la révolution véritable.

« L'année 1793, écrivait-il, est effectivement caractérisée par la lutte acharnée de la Montagne et de la Gironde. Comme cette lutte n'a pas empêché les révolutionnaires français d'opposer une résistance victorieuse à l'ennemi commun, c'est la preuve que l'union des révolutionnaires *n'est pas une condition préalable nécessaire de leur succès.* Bien plus, si l'on considère que la victoire des Montagnards sur les Girondins *a décuplé la force de résistance de la fraction révolutionnaire* et que la réconciliation des deux partis l'aurait certainement très affaiblie, il s'ensuit *que, dans l'œuvre révolutionnaire, une bonne querelle est parfois meilleure qu'une mauvaise paix.* »

Plékhanov a écrit cela à l'occasion d'un discours de Vandervelde sur la nécessité de l'unité *parmi les socialistes.*

La prédiction de Plékhanov s'est complètement réalisée et *c'est pourquoi* nous avons été obligés de lutter avec d'autres armes que les armes « spirituelles » contre des partis soi-disant « socialistes », qui n'étaient en réalité que des organisations petites-bourgeoises contre-révolutionnaires.

Nous allons voir comment, dans cette question, le contre-révolutionnaire Kautsky s'embrouille dans ses sophismes pitoyables, avec quelle *légèreté criminelle* il se comporte à l'égard des *faits*, et quelle ignorance et quel cynisme honteux il révèle dans des questions vitales pour le mouvement prolétarien.

Le principal argument de Kautsky consiste à rappeler les poursuites exercées contre les « socialistes » (c'est-à-dire les menchéviks et socialistes-révolutionnaires) ainsi que le régime terroriste. Les « horreurs de la Tchéka » et autres choses semblables, voilà la base sur laquelle reposent tous les autres arguments de Kautsky.

> Dès 1903, écrit notre héros, ils (les bolchéviks) ont considéré comme justifiés tout à fait dans l'esprit de Nétchaïev le mensonge, la fourberie, la violence à l'égard de leurs anciens camarades de parti. Et cela n'a fait que croître formidablement dès qu'ils sont parvenus au pouvoir *en braquant sans scrupules leurs mitrailleuses contre les menchéviks et les socialistes-révolutionnaires qui formaient la majorité de la Constituante* (pp. 14 et 15).

Le régime bolchéviste :

> est fondé sur l'oppression violente des masses et ne saurait renoncer à cette violence, qu'il devra accentuer de plus en plus (p. 17).

Ainsi, nous avons conquis le pouvoir parce que nous avons chassé du palais de Tauride les s.-r. et les menchéviks qui s'appuyaient sur la majorité de la Constituante et, partant, sur la majorité du peuple. Ainsi, nous sommes une poignée de forcenés terroristes, qu'il faut supprimer sans hésitation.

Bien, mais en quelle année cette « monstrueuse violence » fut-elle exercée contre la Constituante ? Kautsky le sait-il ?

C'était en *janvier* 1918.

Et qu'est-ce que Kautsky écrit dans sa brochure, mais à d'autres pages ?

Page 56, par exemple, nous apprenons que Kautsky et consorts étaient *contre* une intervention étrangère pour les raisons suivantes :

> Nous la repoussions au début de la révolution uniquement parce qu'elle était entreprise par des gouvernements réactionnaires contre un régime qui était alors encore *révolutionnaire*. C'était donc *une guerre de la réaction contre la révolution* (1) (p. 56).

Page 48, à notre grand étonnement, nous lisons :

> Mais aujourd'hui, la situation est autre qu'en 1920 à l'époque de la guerre avec la Pologne. Alors, le régime bolchéviste avait encore derrière lui en Russie de grandes *masses enthousiastes d'ouvriers et de paysans*. Maintenant (en l'année 1925 !), il se heurte partout à leur résistance acharnée qui, à chaque instant, éclate en soulèvements locaux.

Que résulterait-il des allégations de Kautsky si elles étaient exactes ?

Premièrement, il s'ensuivrait que l'époque de la *terreur* était précisément l'époque de « l'enthousiasme bolchéviste » chez les « grandes masses d'ouvriers et de paysans ». Kautsky se comporte si maladroitement envers les faits qu'il ne voit même pas comment, chez lui, ils manquent de liaison.

Quand les « poursuites exercées contre les socialistes » ont-elles commencé ? Lorsque le front de la guerre civile et de l'intervention a commencé à se déployer. Quand la terreur a-t-elle atteint son summum d'*acuité* ? En 1919, lorsque Koltchak était en Sibérie et dans l'Oural, que Youdénitch marchait sur Pétersbourg et Dénikine sur Moscou. Mais tout cela se passait avant 1920, année où de « grandes masses d'ouvriers et de paysans » soutenaient « avec enthousiasme » les bolchéviks.

Comment se fait-il donc, honorable renégat, qu'il existât de

(1) Souligné par nous.

l'enthousiasme pour les « pendeurs » et le « régime de pendaison » qui, quelque temps auparavant, avait atteint son comble ? C'est parce que la terreur était une *arme* des larges masses ouvrières et paysannes contre la garde blanche. La terreur était une arme de la révolution dans sa guerre de défense contre la réaction. On voit à quel degré de stupidité la rage fait descendre Kautsky.

Deuxièmement, d'après Kautsky, l'intervention était la lutte de la réaction contre la révolution. Pourtant, les « interventionnistes » protégeaient les généraux *russes* et ceux qui combattaient contre l'armée rouge des Soviets. Ainsi, Kautsky accorde que ces généraux doivent être rangés dans la *réaction*, qui voulait étrangler la révolution.

Dans ces conditions, la révolution avait-elle le droit de combattre par *tous les moyens* (et non pas seulement par les moyens spirituels) la « réaction armée » ?

Il semble bien que *oui*.

Kautsky sait-il que les « socialistes » ne faisaient absolument qu'un *avec le bloc* des « interventionnistes » ? Laissons provisoirement de côté la question des menchéviks et de leur position. Kautsky sait-il que le parti des s.-r., qui avait dans la Constituante si chère à Kautsky l'immense majorité des voix, ne faisait qu'un *avec le bloc* qui marchait aussi bien avec les Etats étrangers qu'avec les généraux russes ? Ce parti acceptait de l'argent de puissances étrangères, il menait une lutte armée contre les troupes soviétistes parmi les troupes interventionnistes ; il se trouvait en liaison constante avec les consuls étrangers et organisait d'après leurs instructions des conspirations, des soulèvements et des coups de main terroristes. Tout cela n'est-il pas *prouvé* ? Comment nier les *faits* ? Est-ce que le socialiste-révolutionnaire Likhatch n'était pas dans le gouvernement d'Arkhangelsk ? Est-ce que les s.-r. ne faisaient pas la guerre dans la région du Volga contre nos troupes ? Est-ce que la socialiste-révolutionnaire Kaplan n'a pas tiré sur Lénine ? Est-ce que le C.C. des s.-r. n'a pas préparé d'autres attentats ? N'était-il pas en relations avec Noulens ? Est-ce que le parti des s.-r.

n'avait pas un « Centre administratif » qui donnait aussi bien de l'argent que des instructions pour la lutte armée ?

Kautsky va peut-être dire que les s.-r. luttaient avec l'armée rouge contre les troupes de la réaction ? Qu'il l'essaie ! Qu'il essaye de contester les faits connus de tous.

Si, dans la guerre *de la réaction contre la révolution* (formule de Kautsky lui-même), les « socialistes », qui avaient la majorité à la Constituante, se battaient aux côtés de la *réaction*, que devait faire la *révolution* ?

Elle devait, cher Monsieur, faire avec les « socialistes » ce *que les Montagnards ont fait avec les Girondins.*

Et c'est ainsi que procéda le parti des « Jacobins prolétaires », le parti des bolchéviks.

Kautsky ne s'est pas seulement fourvoyé, il a montré aussi une formidable ignorance des faits. Comme il ne connaît aucune date, aucun fait essentiel et qu'il n'a dans son encrier que de la bave de chien enragé, il lui est naturellement difficile d'inventer des « arguments scientifiques »...

Il nous faudrait maintenant dire quelques mots de la ligne générale du développement et des rapports entre les classes dans notre pays. De l'exposé de Kautsky, il ressort que, en 1918, 1919 et 1920, de grandes masses d'ouvriers et de paysans marchaient avec notre parti et avec le gouvernement des Soviets, mais que maintenant nous n'avons personne derrière nous et que partout éclatent des soulèvements.

Tous ceux qui sont tant soit peu au courant de la situation véritable de notre pays verront, en lisant ces lignes, la sottise formidable que recouvrent les « arguments scientifiques » du sophiste Kautsky.

Tous ceux qui sont au courant des faits savent que ce sont précisément les années 1918 et 1919 qui furent les plus dures, que c'est alors que la paysannerie oscilla le plus et qu'il y eut des soulèvements locaux dans les campagnes. Et, néanmoins, les deux classes ouvrière et paysanne ont, dans l'ensemble, défendu pieds nus et le ventre vide le pouvoir des Soviets contre le bloc des interventionnistes étrangers, des bourgeois, des gros propriétaires terriens, des généraux, des cadets et des « socialistes » partisans de la Constituante.

Tous ceux qui sont au courant des faits savent enfin que seul peut parler *maintenant* de soulèvements un homme qui n'a plus aucun contact avec la vie réelle de notre pays. *Jamais encore* le prolétariat n'a eu une telle confiance dans notre parti que maintenant. Jamais la masse rurale n'a été aussi « soviétophile » que maintenant. Jamais le pouvoir des Soviets n'a eu autant de force intérieure qu'à l'heure actuelle. Et jamais il n'y eut aussi peu de mesures de répression qu'en ce moment.

Si M. Kautsky se donnait la peine *d'apprendre quelque chose*, s'il recherchait des sources d'information et les contrôlait, s'il se donnait la peine de lire la documentation qui existe à l'étranger, il n'inventerait pas des fables aussi ineptes que celles qu'il a rassemblées en une seule petite brochure.

Nous passons de plus en plus rapidement à la « légalité révolutionnaire ». Tous ceux qui suivent notre législation, notre justice, les campagnes électorales des Soviets, savent qu'il ne s'agit pas seulement d'un mot d'ordre d'agitation, mais que c'est là la ligne politique effective, en pleine réalisation, de notre parti et de l'Etat soviétiste. Mais est-ce que Kautsky se donne la peine d'étudier les documents, de fouiller dans les livres, d'apprendre à lire le russe ? A quoi bon tout cela ? Seuls des utopistes comme Marx et Engels ont été assez fous pour apprendre la langue d'un peuple qui vit si « loin d'Europe » et si « près de la Tartarie ». Chez le savant Kautsky, on trouve d'autres « arguments scientifiques » : ce sont les copies des documents envoyés aux puissants de ce monde par ses amis les s.-r., les menchéviks, les princes et les nobles géorgiens, etc.

Kautsky s'indignait autrefois contre les historiens bourgeois qui calomniaient avec acharnement les Taborites, ainsi que les Montagnards. Or, il répète maintenant mot pour mot ces insanités idéologiques à l'adresse du parti du prolétariat révolutionnaire. Il nous accuse de tous les péchés capitaux, même de la socialisation des femmes (« argument scientifique » basé sur quelque rapport policier). Et il cache sournoisement à ses lecteurs les crimes innombrables commis par les troupes étrangères, les gardes-blancs et les « socialistes ».

C'est en 1918 que Kautsky a commencé à écrire contre nous ses saletés. En ce moment, il parle de l'enthousiasme bolchéviste de l'année 1920, mais en revanche s'indigne de la terreur actuelle. Attendons encore un peu et nous le verrons modifier aussi ses jugements actuels. Car ce n'est pas la « connaissance » objective qui importe à Kautsky. Ce qu'il lui faut, c'est salir le plus possible le régime prolétarien. C'est à cela qu'il s'emploie de toutes ses forces. Le ciel, semble-t-il, se couvre à nouveau de nuages et il faut bien que Kautsky s'acquitte encore une fois de son rôle de serviteur de la bourgeoisie. Le lecteur ne sait-il pas que cela aussi, c'est le « chemin du pouvoir » ? (1).

Le Prolétariat, l'Etat, le Parti

Les bolchéviks — prétend Kautsky — ne firent dès le début aucun effort pour que le prolétariat se libérât lui-même. Le prolétariat, selon eux, est incapable de réaliser son émancipation. Il est tout au plus bon pour servir d'instrument à ses chefs envoyés du ciel, les bolchéviks, qui le conduiront au paradis.

Les bolchéviks ont renoncé à cette dernière perspective, mais non à leur sous-estimation du prolétariat, simple chair à canon pour le pouvoir soviétiste.

Examinons tout d'abord cette « thèse » de Kautsky, qui, dans sa pitoyable vieillesse, a le courage de dévoiler sa décrépitude devant le monde entier.

« Sous-estimation du prolétariat ». « Les bolchéviks ne firent dès le début aucun effort pour que le prolétariat se libérât lui-même. » Quelle « couche » il faut avoir pour prononcer de telles paroles !

L'auteur des arguments « scientifiques » doit pourtant

(1) Allusion à un ouvrage de Kautsky intitulé : *Le Chemin du Pouvoir*. (N. D. L. R.)

savoir que *ce sont précisément les bolchéviks* qui ont défendu jusqu'au bout dans notre révolution *l'hégémonie du prolétariat*. Ce sont eux qui ont soulevé cette idée et qui l'ont affirmée dans des combats incessants et opiniâtres contre les socialistes « girondins », « économistes », menchéviks, *narodniki* de toutes sortes, y compris les s.-r.

Sur quoi pivotaient les discussions entre bolchéviks et opportunistes ? Kautsky ferait bien de s'en souvenir ; en effet il a écrit autrefois, sur « les forces motrices de la révolution russe », une brochure dans laquelle il se rapprochait beaucoup du point de vue *bolchéviste* contre les menchéviks. Kautsky se souvient-il de ce dont il s'agissait alors ?

Nous lui rafraîchirons volontiers la mémoire : il s'agissait d'une différence d'attitude envers la *bourgeoisie Libérale* et, en même temps, d'une différence d'appréciation du rôle du *prolétariat*.

Quel était l'essentiel de cette différence ? Que les menchéviks considéraient le prolétariat comme une force « stimulant » son allié libéral, alors que les bolchéviks considérant la bourgeoisie libérale comme une force contre-révolutionnaire, estimaient que le prolétariat ne devait pas la stimuler, mais la combattre, la démasquer, la frapper, en s'appuyant sur la paysannerie révolutionnaire et en la dirigeant.

Il est inutile de parler des *narodniki*, qui n'ont jamais compris et n'ont cessé de railler la « mission historique du prolétariat ».

Qui donc, ô savantissime Kautsky, a sous-estimé le prolétariat ? Ne sont-ce pas vos collègues actuels, qui considèrent encore le prolétariat comme la « chair à canon » de la bourgeoisie libérale ?

Mais ce n'est pas encore tout. Kautsky n'a pas seulement écrit une brochure sur les forces motrices de la révolution russe. Il a remplacé la thèse de Marx sur la dictature du prolétariat par la thèse du gouvernement de coalition avec la bourgeoisie.

Or cette déformation du marxisme, déformation qui a eu

des conséquences pratiques considérables, Kautsky l'accomplit au grand jour, avec un cynisme véritablement stupéfiant. Voici ce qu'il écrit :

Dans son célèbre article intitulé : *Critique du programme du Parti social-démocrate*, Marx dit :

Entre les sociétés capitaliste et communiste se trouve la période de transformation révolutionnaire de la première en la seconde. A cette période correspond une période politique transitoire dans laquelle l'Etat ne peut prendre d'autre forme que celle de la dictature révolutionnaire du prolétariat.

Aujourd'hui, nous basant sur l'expérience de ces dernières années sur la question gouvernementale, nous pouvons transformer ainsi cette phrase :

Entre l'Etat démocratique purement bourgeois et l'Etat démocratique purement prolétarien, il existe une période de transformation de l'un en l'autre. Il s'ensuit une période politique de transition, pendant laquelle le gouvernement ne peut être, en règle générale, qu'un gouvernement de coalition.

Voilà ce qu'écrit Kautsky, commentant le nouveau programme de la social-démocratie, où l'on voit les anciens marxistes capituler devant le revisionnisme avéré et insolent qui domine dans les rangs de la social-démocratie.

Il n'est pas inutile de rappeler ici ce qu'a écrit Plékhanov à propos du programme de la social-démocratie russe :

Qu'y a-t-il de changé depuis que l'étendard du progrès social est passé des mains blanches de la bourgeoisie aux mains rugueuses du prolétariat ? Pourquoi la dictature, qui a été utile dans les mains d'une classe, est-elle devenue inutile dans les mains d'une autre ? Le seul changement consiste dans l'attitude de la bourgeoisie vis-à-vis du progrès social. Autrefois, la bourgeoisie, pénétrée de tendances révolutionnaires, luttait pour ce progrès ; aujourd'hui, elle s'y oppose et craint comme le feu tout ce qui y a trait. C'est pourquoi ses idéologues qui, jadis, prononçaient de si belles phrases sur la guerre de classe et l'utilisation révolutionnaire du pouvoir, parlent aujourd'hui en termes enthousiastes de la paix sociale et de l'inutilité d'une dictature de classe pour résoudre la question sociale...

Si les défenseurs de l'ordre social actuel et les critiques petits-bourgeois de Marx, sous leur influence, combattent l'idée de la dictature du prolétariat, c'est précisément parce que cette dictature constitue une condition politique indispensable de la révolution sociale.

Le « critique de Marx », Karl Kautsky, veut remplacer la dictature du prolétariat par le mariage du prolétariat et de la bourgeoisie.

Lorsque les bolchéviks réclamaient dès le début, l'hégémonie du prolétariat, ils « sous-estimaient » la classe ouvrière ; mais lorsque les menchéviks mettent au cou du prolétariat le collier de la bourgeoisie libérale, ils montrent par là qu'ils apprécient hautement les forces prolétariennes !

Lorsque les bolchéviks luttaient pour la dictature prolétarienne, ils « sous-estimaient » la classe ouvrière ; mais lorsque les menchéviks se prononçaient pour la coalition, ils manifestaient ainsi une foi profonde en la puissance du prolétariat !

Lorsque les bolchéviks, en réponse à la guerre impérialiste, appelaient les ouvriers à la guerre civile, ils sous-estimaient l'indépendance du prolétariat, ils ne considéraient les ouvriers que comme une « chair à canon » pour la guerre civile ; mais lorsque les social-démocrates ont demandé aux prolétaires de se diviser d'après leurs nationalités, de pourrir dans les tranchées pour la gloire des gouvernements bourgeois, de s'entre-tuer par patriotisme, ils ont mené la lutte pour l'émancipation du prolétariat !

On pourrait continuer sans fin la comparaison.

Le parti de Kautsky a transformé, transforme et transformera le prolétariat en « chair à canon » pour la bourgeoisie ; c'est pourquoi il se dresse contre ceux qui veulent soustraire les ouvriers à l'influence néfaste des social-démocrates. Les chefs social-démocrates poursuivent un but déterminé : la soumission complète du prolétariat à la bourgeoisie. C'est ce qu'a prouvé l'expérience de ces dernières années, depuis le début de la guerre mondiale jusqu'à la terreur de Tsankov contre les communistes.

Et Kautsky a le front de parler de la « sous-estimation du rôle du prolétariat » ! Quelle déchéance morale !

C'est précisément le bolchévisme qui apprécie au plus haut degré le prolétariat, qui croit à sa puissance, à sa faculté créatrice, à son rôle dirigeant, à sa dictature. Et ce sont les menchéviks de tout genre qui ravalent le prolétariat, qui l'obligent à servir la bourgeoisie, qui l'imprègnent de l'influence bourgeoise.

Mais la bourgeoisie et sa police, ses espions et ses publicistes emploient depuis longtemps un procédé démagogique, qui souvent produit son effet. S'ils voient se créer un parti, si petit soit-il, qui menace leur domination, ils disent aux ouvriers :

« Les chefs de ce parti veulent faire de vous de la chair à canon. »

Ainsi procède Karl Kautsky, le gardien vigilant des bases du capitalisme, le barde de la Société des Nations, le Pindare de la démocratie anglaise, le grand adversaire des bolchéviks.

Kautsky écrit que les bolchéviks ne firent, « dès le début, aucun effort pour que le prolétariat se libérât lui-même ».

Que veut dire cette phrase, assez anodine, semble-t-il, au premier abord ?

Le prolétariat doit-il s'émanciper lui-même, tandis que son parti reste à l'écart et applaudit à ses succès ou pleure sur ses échecs ?

Une telle opinion serait absurde. L'erreur théorique consiste ici à opposer le parti à la classe. Le parti est représenté comme une force qui reste quelque part à l'écart, en dehors des rangs de sa classe. Cependant, le parti est l'avant-garde de la classe, la fraction qui transforme le prolétariat, de « classe en soi », en « classe pour soi ». C'est pourquoi, poser ainsi la question, en supposant l'émancipation de la classe ouvrière réalisée par elle-même et en excluant tout rôle actif du parti dans cette émancipation, est inepte, contradictoire, antimarxiste.

Mais si le parti n'est pas exclu du processus d'émancipation, s'il n'est pas opposé à la classe ouvrière, s'il est considéré comme une fraction du prolétariat, alors quel est son rôle ?

Si l'on ne veut pas abandonner le marxisme, la seule réponse que l'on puisse faire à cette question est la suivante : le rôle du parti est le rôle dirigeant, le rôle de chef.

Cela, semble-t-il, est clair comme le jour. Dans son *Commentaire au projet de programme du parti social-démocrate russe*, Plékhanov écrivait :

> Pour être orthodoxe, nous avons souligné avec soin, dans notre projet, le rôle de la social-démocratie comme *avant-garde* et *chef*. C'est d'une logique simple, du point de vue du marxisme bien compris. Mais le confusionnisme « critique » a voilé également cette question d'un brouillard opaque et les social-démocrates russes qui appartiennent à la tendance des économistes se sont imaginés que le devoir de la social-démocratie n'est pas de développer le plus vite possible la conscience de classe du prolétariat, mais uniquement d'exprimer ce que le prolétariat a déjà réalisé sans être aidé en rien par le « ferment révolutionnaire ». Si la social-démocratie ne veut pas se suicider, elle ne doit jamais se limiter à ce rôle ridicule et honteux de « cinquième roue d'un char » (1).

Le critique de Marx, Karl Kautsky, cherche maintenant, par un « brouillard opaque », ou plutôt par des gaz toxiques, à voiler, à embrouiller la question si claire des relations entre parti et classe. Comment opère-t-il ? Très simplement !

Si le parti dirige la classe, il se trouve, dans une certaine mesure, au-dessus du reste du prolétariat. D'autre part, tout le monde sait que les exploiteurs aussi se trouvent au-dessus du prolétariat. Il suffit alors de mettre le signe d'égalité entre ces deux « au-dessus » et le tour est joué ! Le résultat, le voici : Parti = Exploiteurs.

Il est vrai qu'on pourrait appliquer ce raisonnement à tout parti en général. Mais on se garde de le faire, car il s'agit de

---

(1) Plékhanov, ouvrage cité, p. 228.

saper l'influence des bolchéviks et non de tous les partis existants.

La solution de la question, dans sa partie essentielle, ne présente aucune difficulté. L'erreur provient de ce que l'on prend dans le même sens le mot « au-dessus » employé dans deux acceptions différentes.

Devant la tombe de Marx, Engels disait que la mort de ce chef génial avait diminué d'une tête la taille de l'humanité. Sous le rapport de la supériorité intellectuelle, Marx était au-dessus du reste des hommes, le prolétariat y compris. C'est pourquoi il en était le chef. Mais personne ne prétendra que le mot « au-dessus » exprime ici le même rapport que celui qui existe entre capitaliste et ouvrier. Les capitalistes forment une autre classe que le prolétariat. Le parti du prolétariat est une fraction de la classe ouvrière, et son rôle « supérieur » (dirigeant) n'exprime point un rapport d'exploitation, mais un rapport de direction.

Il est compréhensible que les ennemis de la classe ouvrière veuillent atteindre la tête du prolétariat, son avant-garde dirigeante. Détruire l'avant-garde, c'est décapiter la classe. La classe sera incapable de lutter réellement tant qu'elle n'aura pas une nouvelle tête, c'est-à-dire une nouvelle avant-garde révolutionnaire, un parti capable de la diriger.

La question devient d'une limpidité cristalline si l'on considère, non plus les chefs du prolétariat, mais ceux de la bourgeoisie. Par exemple, personne n'aurait l'idée de soutenir que Lloyd George et Chamberlain oppriment la bourgeoisie. Personne n'écrirait qu'ils réalisent la dictature d'un parti et non d'une classe, la dictature de Chamberlain et non de la bourgeoisie.

Or, c'est précisément ce raisonnement absurde que Kautsky et consorts tiennent à l'égard de notre parti. Pourquoi le font-ils ? Parce que cela rend de grands services à la bourgeoisie.

La classe du prolétariat, dans son ensemble, n'est pas identique à son organisation étatique. L'organisation étatique (la dictature) n'est pas identique à l'organisation du parti. Mais le parti dirige l'appareil d'Etat, qui constitue l'organisation la plus large de la classe. Sans direction du parti, la dictature du prolétariat ne pourrait exister. Sans direction du parti, l'émancipation de la classe est impossible.

Naturellement, le parti du prolétariat au pouvoir est dans une situation telle qu'il risque constamment de se détacher de la classe, de se bureaucratiser, de dégénérer, de se pétrifier. Notre littérature a traité largement cette question. Nous avons toujours considéré comme une de nos tâches pratiques essentielles la nécessité de lutter contre le bureaucratisme. Théoriquement, la dégénérescence d'une fraction du parti, sa fusion avec la Nep bourgeoise et les « spécialistes », la formation d'une nouvelle classe capitaliste sont toujours possibles, et c'est là que nous poussent les menchéviks, les Kautsky et consorts qui exigent le retour au « capitalisme sain ». Mais notre parti n'y consentira jamais ; seul parti révolutionnaire prolétarien de notre pays, il ne cesse de consolider ses positions.

Dans aucun domaine de notre vie sociale Kautsky ne s'est donné la peine, ni n'a exprimé le désir de vérifier les renseignements qui lui étaient fournis, car c'est là chose parfaitement inutile pour un serviteur de la bourgeoisie. Par contre, il déverse sur nous des flots de calomnies.

Le régime bolchéviste est de plus en plus en contradiction avec les intérêts des masses populaires. Il est de plus en plus obligé de s'appuyer sur les *baïonnettes* et les *bourreaux*. Une infime minorité, qui plonge le pays dans une misère toujours croissante, ne peut gouverner autrement (p. 14) (1).

...Aujourd'hui, ce régime n'est plus seulement l'ennemi de tous les partis non-bolchévistes, il est devenu l'ennemi le plus dangereux du prolétariat. Le prolétariat russe est condamné à une impuissance et une ignorance croissantes (p. 6) (1).

...Les bolchéviks, au lieu d'éclairer le prolétariat, cherchent à en faire leur instrument aveugle (p. 7) (1).

...La classe ouvrière de Russie, déçue et aigrie, tombe dans la plus profonde apathie (p. 8) (1).

(1) Kautsky. *L'Internationale et la Russie des Soviets.*

Nous avons cueilli ces quelques fleurs dans le jardin de notre critique pour que les travailleurs de notre pays voient ce qu'est devenu Kautsky.

Mais pour éclairer nos camarades de classe de l'étranger, même ceux qui suivent encore la social-démocratie, nous opposons aux affirmations gratuites de Kautsky une série de chiffres et de faits précis.

Kautsky prétend que l'influence des communistes diminue sans cesse.

Les faits prouvent au contraire qu'elle ne fait qu'augmenter. Kautsky, par exemple, ne dit pas un seul mot du recrutement qui a suivi la mort de Lénine. Cependant, dans la semaine d'enrôlement, 200.000 ouvriers, et, peu après, 50.000 autres sont entrés au parti. Cet afflux a modifié fortement la proportion des ouvriers industriels dans notre parti en la portant à 40 %.

Le nombre des membres du parti augmente sans cesse aussi en 1925. Selon les statistiques des commissions du parti, le nombre d'adhérents, pendant les trois premiers mois de 1925, a été de 64.233, et le nombre des candidats, de 41.815. Le chiffre total des membres du parti et des candidats est passé ainsi à 850.000, avec une augmentation continue du pourcentage des ouvriers.

N'est-ce pas que cela ressemble aux contes fantastiques de Karl Kautsky ? N'est-ce pas que ces chiffres montrent la haine croissante des ouvriers contre les bolchéviks, l'apathie des masses, et autres choses semblables ?

Considérons la Jeunesse communiste, liée organiquement au parti. Voici les chiffres :

	Membres
1923 (octobre)	206.000
1923 (janvier)	303.014
1924 (janvier)	500.700
1925 (janvier)	1.140.700
1925 (avril)	1.432.608

Aujourd'hui, le nombre des membres dépasse déjà 1.500.000.

Comme on le voit, l'apathie est générale ! Nous assistons à une croissance organique extraordinaire, telle que nous n'en avions jamais encore connue de semblable. Mais le sorcier furieux de la social-démocratie contre-révolutionnaire pousse les hauts cris sur l'apathie des masses. Les faits démentent Kautsky, tant pis pour les faits !

Examinons maintenant le mouvement des enfants, le mouvement des jeunes pionniers (12 à 16 ans) et des pupilles (« Enfants de la révolution d'Octobre ») (au-dessous de 12 ans) qui sont complètement sous l'influence et la direction des communistes. Ce mouvement n'a commencé à se développer vraiment qu'en 1924 (première année d'essor économique rapide). En janvier 1924, le nombre des pionniers s'élevait à 161.349. Au cours de 1924, ce chiffre — veuillez le noter, Monsieur Kautsky — a été multiplié par 6. Le mouvement commença aussi à gagner de l'influence à la campagne. Il pénétra dans les villages les plus reculés, dans les régions qui, sous le régime bourgeois, n'avaient connu aucune espèce d'organisation. Voyons les chiffres :

	Gr. d'enfants	Pionniers	« Enfants d'octobre »
	—	—	—
Janvier 1924 ..	3.600	161.349	—
Juillet 1924 ..	3.704	200.000	—
Octobre 1924 ..	12.000	760.000	50.000
Janvier 1925 ..	19.814	1.000.032	100.325
Avril 1925	25.860	1.209.519	?

Les pionniers ont à peu près 15.000 journaux-affiches, c'est-à-dire que 74 % des groupes éditent des journaux. La proportion des analphabètes n'est que de 3,2 %, et cela dans un pays où, il y a 8 ans, régnait encore le tsarisme.

Voilà des chiffres, sans doute, qui montrent bien l'apathie des masses et la lutte féroce des bolchéviks contre toute émancipation intellectuelle des ouvriers.

Quelle est, maintenant, la situation des syndicats ouvriers ? Il y a déjà quelque temps que nous sommes passés du groupement automatique des ouvriers dans les syndicats (ce qui fut le cas pendant le communisme de guerre) à l'adhésion individuelle et volontaire. Et pourtant, loin d'amener la diminution des effectifs syndicaux, cette mesure a provoqué leur augmentation.

Le 1er janvier 1924, la proportion des prolétaires syndiqués s'élevait à 95.09 p. 100.

Au moment du cinquième Congrès syndical, les syndicats groupaient quatre millions et demi de membres. Au sixième Congrès, on constatait une augmentation de 30 p. 100. Le chiffre des membres dépassait alors six millions.

Mais qu'importe au savant Karl Kautsky ?

Il s'est constitué chez nous un immense réseau d'organisations autonomes extrêmement vivantes, groupant ce qu'on appelle la « société soviétiste » et englobant les paysans et les ouvriers. La création de ces organisations maintenant encore se poursuit avec énergie et rapidité.

Et Kautsky... Mais comprendra-t-il jamais quelque chose ?

Considérons, par exemple, l'organisation des correspondants ouvriers et des correspondants de villages. Leur nombre s'accroît également avec une étonnante rapidité :

	Corr. ouvr.	Corr. pays.	Total
Mars 1923	32.570	24.800	57.370
Août 1924	43.200	57.500	100.700
Décembre 1924 ..	62.280	79.780	112.060

Parallèlement augmente l'édition des journaux, affiches, dans les usines, les ateliers, les mines et les cercles de lecture paysans. Il y a un an, on en comptait 3.000 ; aujourd'hui, il y en a plusieurs dizaines de milliers.

Kautsky sait-il que le tirage de nos journaux périodiques s'élève à sept millions et demi d'exemplaires, et celui de nos quotidiens, à cinq millions (deux millions et demi avant la guerre) ? Naturellement, il ignore tout cela !

Les « sociétés d'ouvriers pour l'élévation du niveau culturel dans les villages » (cet exemple type et entièrement nouveau de l'union culturelle de la ville et de la campagne), comptent aujourd'hui plus d'un million de membres. Dans quel pays la classe ouvrière a-t-elle pris conscience, dans une telle mesure, de son rôle culturel à l'égard de la paysannerie ?

Quatre millions et demi de membres du Secours Rouge, deux millions et demi de membres de l'Association des amis de la flotte aérienne, un million et demi de membres de la Société du progrès chimique, ensuite la masse des membres des « Amis de la T. S. F. », des sociétés d'athéisme, de la Société *Ne touchez pas à la Chine*, de la Société des *Amis de l'Enfance* (plus d'un million de membres) et d'une infinité d'autres organisations, cercles et clubs, tout cela est évidemment le signe d'une apathie profonde, n'est-il pas vrai ?

Les sociétés paysannes de secours mutuel, la coopération croissante, les soviets et leurs commissions, les conférences des sans parti, le rôle immense de l'armée rouge, comme école et foyer de propagande, le travail des sections féminines et des organisations qui leur sont rattachées, de tout cela Karl Kautsky sait-il quelque chose ?

Des milliers d'enfants ouvriers et paysans fréquentent, pour la première fois, les Universités. Qu'importe à Karl Kautsky, ce rénégat du socialisme ?

La période actuelle du développement de notre pays est caractérisée par un travail d'organisation intensif. D'en bas montent lentement à la surface des masses innombrables, qui s'éveillent à la vie et qui, assoiffées d'instruction, cherchent à se développer par tous les moyens. Évidemment le tsarisme avait maintenu notre peuple dans une telle ignorance ; la guerre, le blocus, les interventions l'ont tellement épuisé qu'il est impossible du premier coup de créer un monde nouveau. Et notre progression même ne s'effectue pas sans ébranlements intérieurs, sans déviations, sans conflits partiels. Nous nous développons par les contradictions mêmes. Notre classe, qui dirige la société entière, croît. Des organisations innombrables se groupent autour des coopératives, des syndicats, de la Jeunesse, des Soviets, du Parti. Dans des combinaisons diverses, dans des liaisons variées, elles forment la société nouvelle et remplacent peu à peu les vieilles organisations dans le domaine politique, culturel, scientifique, dans la vie quotidienne.

Et toutes ces organisations sont liées par la volonté unique de l'avant-garde de la classe ouvrière, de notre grand Parti.

Jamais encore il n'y a eu une forme d'Etat qui ait élargi au même point que les soviets les cadres de la démocratie réelle, c'est-à-dire qui ait fait participer à un tel point les travailleurs à l'organisation sociale.

Jamais encore il n'y a eu une force comme notre Parti pour éveiller et pousser en avant les larges masses.

Nous n'ignorons pas nos imperfections. Mais nous voyons que, en dépit de tout, la masse immense de l'humanité progresse. Et nous savons que notre parti contribue considérablement à ce processus historique.

Le régime soviétiste et l'économie du pays

Analysons maintenant les thèses vraiment « admirables » sur la situation économique de l'Union Soviétique, dont Kautsky veut bien honorer le monde. Pour bien saisir les résultats des « recherches, remarques critiques », ou simplement des insultes de Kautsky, il nous faut examiner d'abord quelques données préliminaires qui caractérisent bien la « méthode » de Kautsky. Les voici, de la façon « remarquable » dont il les expose lui-même :

> Il est assez exact que ce que l'on raconte aujourd'hui sur la Russie n'est aux trois quarts que des mensonges. Mais il ne faut pas interpréter cela en disant, comme les bolchéviks, que tout ce que racontent leurs adversaires est faux et tout ce qu'ils affirment véridique. On peut admettre que les rapports qui peignent tout en noir dans la Russie soviétiste, sont pour une moitié vrais, pour l'autre moitié faux. Mais il est inexact que tout soit aussi bien que cela apparaît dans les récits des « témoins oculaires ».

Ainsi Kautsky, *a priori*, considère tout ce que l'on a pu dire de bon sur la Russie soviétiste comme des mensonges, et il offre en compensation de considérer également comme mensonges la moitié des calomnies répandues sur notre pays. La dernière des calomnies est ainsi l'incarnation même de la vérité ; mais il faut, pour cela, que cette vérité soit aussi noire que la nuit !

Il serait vain de vouloir enlever à Kautsky la conviction que son arithmétique simpliste constitue la vérité pure. Mais, pour les lecteurs, il faut tout de même souligner l'*insolence* théorique, si prétentieuse et extraordinairement malhonnête, de ce monsieur.

D'où, en effet, tire-t-il ses conclusions ? Où a-t-il eu la possibilité de vérifier la matérialité des faits qu'il affirme ? Ce n'est tout de même pas en répandant ses assertions sur la « socialisation des femmes » ? Ni, en formulant ses prophéties « marxistes » quotidiennes sur le caractère inéluctable de la débâcle imminente des bolchéviks, prophéties que font, avec lui, tous les autres astrologues de la garde-blanche, qui ont tiré l'horoscope du pouvoir soviétiste de leur propre haine de classe.

C'est la *pratique* seule qui est le critérium de la vérité. A une époque où, selon ses propres paroles (d'aujourd'hui seulement), les ouvriers et les paysans s'enthousiasmaient pour les bolchéviks, Kautsky écrivait déjà des articles et des brochures remplis d'insanités, dans lesquels il prédisait l'effondrement imminent du pouvoir des Soviets. En quoi, sous ce rapport, s'est-il différencié des publicistes blancs de toutes nuances ? En rien. Depuis lors, les héros de l'émigration blanche ont placé Kautsky sous leur protection ; mais cela ne saurait masquer le fait de la *faillite* scandaleuse de ses prophéties contre-révolutionnaires !

Revenons au sujet. Kautsky, naturellement, n'a cessé de s'acharner après nous, dès le début. Nous devons nous excuser auprès de nos lecteurs pour les longues citations, vides de sens, que nous devons faire, des écrits de Kautsky. Mais elles sont nécessaires, justement, pour montrer leur *non-sens*.

Ce que les bolchéviks ont obtenu par les confiscations, les gouvernements bourgeois l'ont très bien réalisé, en dehors de la Russie, par l'inflation. Aucun gouvernement allemand n'a opéré cette sorte de confiscation de la propriété avec autant de zèle que le plus bourgeois de tous, celui de Cuno.

Les social-démocrates s'opposent à la méthode de confiscation de Lénine comme à celle de Cuno. Non que la propriété capitaliste nous soit sacrée, mais parce que ces deux méthodes de confiscation sont également inutiles, et même extrêmement nuisibles. Toute confiscation aveugle et sans indemnité pille, tout comme l'inflation, de manière aveugle, les classes les plus différentes, n'épargnant pas plus les pauvres veuves et les orphelins que les magnats opulents de la finance.

Elle permet de tirer de nouveaux profits excessifs de la misère la plus grande. Elle confisque toute propriété qui se trouve sur son chemin, sans tenir compte si elle est utile ou non à la socialisation. Elle cause le plus grand désordre dans le processus de la production et paralyse toute l'économie d'un pays.

C'est seulement en sélectionnant avec soin et en fixant par la loi les objets que l'on veut socialiser et les dettes que l'on veut annuler, en dédommageant les propriétaires, au moins ceux qui sont dans le pays, et en se procurant, par un impôt progressif sur la fortune, les sommes nécessaires à leur indemnisation, que l'on peut opérer sans troubles économiques, et en atteignant le but du législateur, la transformation de la propriété privée en propriété sociale (p. 36 et 37).

Certes, il y a vraiment à apprendre du vieux Kautsky.

Ainsi donc, la confiscation des usines, des ateliers, des terrains, des propriétaires par les bolchéviks, et celle effectuée par Cuno, c'est exactement la même chose.

On lit et on n'ose en croire ses yeux !

Quel a été le résultat de la politique d'inflation, en Allemagne ? Un incroyable enrichissement des Stinnes, qui, grâce à l'inflation, ont établi leur dictature.

Quel a été le résultat de *notre* politique de confiscation ? Nos Stinnes (les Poutilov, les Riabouchinsky) ont *tout perdu*.

N'est-ce pas que ces deux procédés se ressemblent ?

Jadis, on disait : *Vulgus non distinguit* (Le vulgaire ne distingue pas). Maintenant, il faut dire: le vulgaire (les prolétaires) « distingue » *fort bien*. Ce sont les savants du groupe Kautsky et consorts qui ont perdu toute faculté non seulement de distinguer les nuances (ce qui n'est pas donné à tout le monde), mais même de discerner des choses diamétralement *opposées !*

Deuxième remarque. En protestant contre les deux politiques, inflation et confiscation, Kautsky ne veut pas qu'on le soupçonne du moindre attachement à la sacro-sainte propriété privée capitaliste. Mais est-ce que Cuno a frappé la propriété privée capitaliste ? Est-ce que la politique d'inflation a fait passer une seule parcelle, si minime soit-elle, de la propriété capitaliste dans les mains d'une autre classe ?

Et peut-on dire de la confiscation « léninienne » qu'elle a, si peu que ce soit, laissé la grosse propriété dans les mains de l'ancienne classe possédante? Ni les propriétaires fonciers, ni les capitalistes n'ont pu conserver leur propriété.

Mais, une fois de plus, le social-démocrate « marxiste » Karl Kautsky ne fait aucune allusion au *contenu de classe* de la politique. Et cela s'appelle « analyse » !

Troisième remarque. Les gens les moins intelligents savent donc que la confiscation des grandes propriétés foncières, des usines, des mines et des banques a abouti à leur *étatisation* (nationalisation), tandis que l'inflation de Cuno, loin d'amener une étatisation (même pas une étatisation *bourgeoise*), n'a conduit qu'à une *augmentation du capital privé* des Stinnes et autres. Kautsky ne comprend *même pas cela !*

Quatrième remarque qui, peut-être, donnera la clef des fausses conclusions de Kautsky. Ce « savant » croit que la confiscation « aveugle » exproprie de façon égale *toutes les classes*, les « magnats de la finance » comme « les pauvres veuves et les orphelins ». (Voilà une façon de préciser les classes qui serait du goût de feu Eugène Richter.) Admettons qu'il en soit ainsi : toutes les classes sont donc soumises à un effroyable pillage. Mais quel est l'auteur de ce pillage ? Il est clair que, dans ce cas, il doit être en *dehors* de toutes les classes. A quoi aboutissons-nous ainsi ? Il en résulte, par exemple, que le gouvernement « le plus bourgeois » (l'épithète est de Kautsky), le gouvernement Cuno, constitue quelque chose en dehors de toutes les classes, qui plane au-dessus des classes comme l'esprit de Dieu au-dessus des eaux. Brillant résultat, n'est-ce pas !

Cinquième remarque — la dernière, mais non la moins importante. Kautsky a la prétention de nous apprendre la manière de transformer la propriété privée en propriété sociale. Il se gonfle comme un dindon, sa science éminente empourpre son visage, le voilà qui écrit l'ordonnance. Choisissez d'abord l'objet, fixez-le ensuite par une loi, indemnisez les capitalistes, imposez-les ensuite progressivement, et alors, oh ! alors les capitalistes se tiendront bien tranquilles, ils laisseront socialiser leurs biens « sans troubler le développement de la production », et nous glisserons commodément, comme sur un traîneau et par un beau temps, dans l'empire du socialisme !

Pas mal, le tableau : excellent, délicieux, idyllique !

Mais nous avons néanmoins le droit de demander à notre stratège : Mon savant monsieur, est-ce que vous n'auriez pas essayé vous-même d'agir conformément à *votre* projet ? Voudriez-vous vous donner la peine de nous dire jusqu'où vous êtes parvenu dans la voie du « socialisme réel » avec vos méthodes « européennes », tout à fait « scientifiques », en un mot « archi-kautskistes » ? Mais, sur ce point, Kautsky reste muet : il n'est pas difficile de deviner pourquoi !

Reportons-nous, en effet, à la période où Kautsky et consorts étaient ministres. Il n'y avait point, alors, d' « absolutisme » et d'autres choses semblables, qui sont, selon Kautsky, désagréables, effroyables, en contradiction avec les intérêts des masses, et qui nous éloignent du socialisme. Il y avait alors un gouvernement de *coalition*, « la forme gouvernementale la plus sûre », la plus aimée de Kautsky.

Et alors, Kautsky et Cie ont « réalisé » la socialisation ! Il y eut une commission de socialisation toute spéciale. Elle ne précipita pas les choses, cette commission, car il n'était pas question, n'est-ce pas, d'imiter les méthodes bolchévistes ! Cette commission commença par « choisir les objets ». Et comment !

Kautsky siégea si longtemps et si souvent à cette commission que les vers sur le fameux académicien de Pouchkine, le prince Doundouk reviennent involontairement à la mémoire :

« *A l'Académie des savants,*
Siège, en tout honneur, le prince Doundouk.
On dit qu'un tel honneur
Ne revient légitimement pas à Doundouk.
On se demande donc pourquoi il est là.
Eh bien, simplement, parce qu'il est ! »

D'ailleurs, pour notre héros, cet « honneur » lui revient très légitimement !

Le résultat positif de l'œuvre créatrice de la commission fut la parution de tout un tas d'ouvrages sur la question. Tous les « objets » furent choisis. On fixa avec précision les conditions légales, les délais de la « socialisation », l'ordre dans lequel devaient être prises les mesures « conformes à la loi », et juridiques et économiques, à employer par « le législateur ». (Le lecteur se souvient sans doute du noble style dans lequel s'exprime l'ex-ministre Kautsky.)

En un mot, tout était ordonné, comme sur un échiquier : « Première colonne, marche ! Deuxième colonne, marche ! »

Il est très vrai que, dans le développement de la production, cela n'a pas provoqué de troubles exagérés ! Ce fut même le contraire : il fallut, sur l'ancienne base solide du capitalisme, éditer un certain nombre de livres et d'opuscules (car le travail de la commission fut — ne l'oublions pas ! — extrêmement productif !)

Par contre, il se produisit un «ébranlement» d'un autre genre. Tandis que les « socialisateurs », assis en rond autour d'une table, délibéraient, tandis qu'ils couvaient ainsi leurs projets en prenant bien garde de toucher à un seul cheveu de la bourgeoisie, les généraux, les officiers ne gâchaient pas un seul bout de papier, mais *agissaient*. Et, bientôt, nos savants furent happés par leurs longues oreilles et privés de leur « haute fonction » de législateurs. Et les propriétaires des longues oreilles ne poussèrent même pas le plus léger cri : cela aurait pu, n'est-ce pas, troubler « la marche de la production » !

Et maintenant, après toutes ces expériences, Monsieur Kautsky a le cynisme de venir parler des avantages de sa « révolution » paisible, loyale, à coups de coalition et de concessions? Depuis longtemps, nous n'avions ri d'aussi bon cœur. Ah ! la bonne farce !

« Mais, chez vous, bolchéviks, règne une misère horrible. Vous avez conduit votre pays à..., etc..., etc... »

Bien. Voyons ce que dit Kautsky à ce sujet :

« Lorsque les capitalistes et les gros propriétaires furent exterminés (tout à fait, comme sous le gouvernement Cuno, n'est-ce pas ?) lorsque les vrais gardes-blancs furent refoulés, il apparut que le grand pillage des possédants, à la portée, du reste, de tout voleur professionnel, n'était point le socialisme, que toutes les conditions, en Russie bolchévique, faisaient défaut pour la réalisation du socialisme, au point que la production agonisa de plus en plus, que la misère des masses alla croissant *dans la mesure où s'affermissait le pouvoir d'Etat bolchévik* » (p. 9).

Nous avions déjà cité, dans les chapitres précédents, les remarques de Kautsky sur les « voleurs » et les « pillards ». Mais maintenant nous pouvons revenir à cette citation, sous sa forme complète, pour montrer d'autres côtés de la question.

Kautsky reconnaît donc qu'il y avait tout de même de « vrais gardes-blancs » et qu'ils ont été « refoulés ». D'autre part, les capitalistes et les gros propriétaires ont été « exterminés ». Il semble en résulter que ce sont précisément ces capitalistes et ces propriétaires qui formaient le noyau fondamental de la garde « blanche refoulée ».

Que leur attaque ait été repoussée, c'était évidemment bien. Mais pourquoi furent-ils repoussés, Monsieur Kautsky ?

Peut-être, tout de même, parce que les gros propriétaires et les capitalistes ont été « exterminés ».

Peut-être, tout de même, parce qu'ils ont été « pillés » ?

Il suffit de poser la question pour la résoudre. Oui, c'est

dans des *conditions très difficiles* que les ouvriers et les paysans ont exterminé leurs gros propriétaires et capitalistes, soutenus par la bourgeoisie internationale. Et ils les ont exterminés, parce que ceux que Kautsky appelle des voleurs et des pillards ont défendu de leurs corps les usines et les terres prises aux gros propriétaires et aux capitalistes.

Le prolétariat allemand, lui, *n'a pu refouler* ses gros propriétaires et capitalistes, parce qu'il a suivi Messieurs *Kautsky et Cie*, parce qu'il n'a pas touché à la propriété de ses ennemis, parce qu'il a laissé entre leurs mains toutes les sources de pouvoir, et parce qu'il n'a point fortifié ses propres rangs en prenant conscience de sa nouvelle position dans le pays. Kautsky ne s'est point alors montré comme un « expropriateur des expropriateurs », c'est-à-dire, comme il dit maintenant : voleur et pillard. Il s'est comporté comme un misérable esclave. Il est vrai que, comme récompense, il a la consolation de ne point avoir troublé le « développement de la production ». Ses amis ont agi exactement comme lui, « avec quelle honnêteté » ! M. Ebert, par exemple, étrangla les grèves dans les usines d'armement. Mais aussi qu'est-ce que cela a de commun avec le socialisme ?

Kautsky a-t-il raison d'affirmer qu'il y a eu une époque où chez nous la misère des masses croissait sans cesse, à mesure que s'affermissait le pouvoir d'Etat bolchévik? Oui, il a eu raison ; cette époque a existé. Mais Kautsky ne s'aperçoit pas que cette époque a depuis longtemps disparu.

Mais si Kautsky s'était donné la peine de chercher sincèrement à comprendre ce dont il s'agissait alors, comment le pouvoir soviétique pouvait s'affermir malgré la misère des masses, comment ce pouvoir — ainsi que Kautsky l'avoue lui-même — en 1920, groupa autour de lui l'enthousiasme des « voleurs » et des « pillards », c'est-à-dire des ouvriers et des paysans ; s'il s'était ensuite donné la peine de proposer tout cela clairement, alors ses conclusions eussent été tout autres.

L'accroissement de la misère ! Oui, nous avons traversé des années terribles où la misère fut effroyable. Mais pourquoi Kautsky « oublie-t-il » d'analyser ici, ou *tout au moins de mentionner l'intervention étrangère ?* Est-ce qu'un savant, tant soit peu honnête, oui, même un simple honnête homme, qui ne veut pas être l'apologiste du capital et qui joue franc jeu, pourrait parler des causes de notre misère pendant la guerre civile, *sans mentionner, fût-ce d'un simple mot, l'intervention, le blocus, etc?*

Seul, un *valet conscient du capital* peut agir ainsi.

Et c'est ainsi qu'agit Karl Kautsky, le chef théorique de la social-démocratie allemande.

Comment oublier vraiment cette bagatelle de l'intervention ? Les forces unies des gardes-blancs russes, allemands, français, japonais, américains, anglais, polonais, roumains, tchécoslovaques et autres, ont encerclé de toutes parts la jeune république des Soviets. N'est-ce pas M. Kautsky ? N'y a-t-il pas eu une période où, complètement dénudés de tout, nous étions séparés de la Sibérie, de l'Ukraine, du Caucase ? Kautsky ignore-t-il quels ont été nos tourments quand nos ennemis nous coupèrent de presque toutes nos ressources matérielles, des sources vitales de nos forces de production ? Kautsky ne sait-il pas les ravages sans nom commis par cette troupe de sauterelles internationales et contre-révolutionnaires, qui s'est abattue en nuées épaisses sur notre pays ? Chose extraordinaire. Kautsky n'en souffle *mot !*

Mais, nous dira-t-on, le système du communisme de guerre ne contribuait pas non plus au développement des forces de production.

Non, il n'y contribuait pas. Nous le reconnaissons ouvertement. Mais, messieurs les critiques, sans communisme de guerre, nous n'aurions pu repousser les gardes-blancs.

Polémisant jadis avec K. Renner, Kautsky écrivait :

> L'économie de guerre est un état transitoire dont on espère qu'il ne reviendra pas de sitôt. C'est pourquoi, si la guerre l'exige, elle ne recule pas devant des formes de production qui en rendent impossible la répétition sur la même échelle et en restreignent de plus en plus les proportions.

Cette économie a pour but, sans tenir compte des dépenses et de la conservation des forces productives, de produire la plus grande masse possible de moyens de destruction et de moyens destinés à permettre de tenir jusqu'au bout dans le processus de destruction.

Quand Kautsky écrivait cela, il parlait il est vrai de l'économie bourgeoise, contre laquelle il s'élevait. Mais du moment qu'il s'agit des lois générales de l'économie de guerre, ce qu'il écrivait alors s'applique également à la guerre du prolétariat. De ce que le prolétariat se défend, il ne s'ensuit pas que la guerre juste qu'il mène soit accompagnée de prospérité matérielle.

De la sorte, le système du communisme de guerre, réduisant inévitablement la base des forces de production, est lui-même fonction de la guerre, c'est-à-dire fonction de l'intervention étrangère avec tous ses « charmes ».

Si l'on comprend cela — ce qui est facile — on s'expliquera facilement le fait que le pouvoir des Soviets à une certaine période, se fortifiait, alors que la misère des masses augmentait. Cette misère était causée par la guerre. Et si le pouvoir soviétiste s'affermissait, c'est parce qu'il menait heureusement la guerre, parce qu'il défendait la terre enlevée par le peuple aux propriétaires fonciers et les usines enlevées par le prolétariat aux capitalistes. De là, l'enthousiasme des soldats rouges affamés et mal vêtus, qui se battaient comme des lions sur les innombrables fronts de la guerre civile et défendirent, consolidèrent le nouvel Etat en boutant hors de la Russie les armées contre-révolutionnaires.

Dès que la guerre, le blocus, l'intervention furent terminés, dès que nous passâmes du communisme de guerre à la nouvelle politique économique nous commençâmes à nous relever économiquement.

Mais cela, le haineux vieillard ne veut pas le voir. Il est persuadé (ou peut-être feint-il d'être persuadé ?) que notre économie est en décadence. A la page 21 de sa brochure, il écrit :

Si la décadence des transports et de la production, décadence provoquée par la gestion déplorable des bolchéviks, continue comme jusqu'à présent, elle atteindra bientôt un degré où toute perspective de mouvement démocratique en Russie deviendra impossible.

La liaison que Kautsky établit entre le développement économique et les perspectives démocratiques ne nous intéresse pas pour le moment. Ce qui nous importe, c'est que Kautsky affirme que notre économie ne cesse de régresser.

De cette régression Kautsky conclut à une catastrophe imminente, c'est-à-dire à une insurrection contre le pouvoir soviétiste.

La politique essentiellement déprédatrice que pratique le bolchévisme à l'égard des forces économiques de la Russie fait qu'une telle éventualité n'est pas invraisemblable (p. 38).

Enfin à la page 55, Kautsky s'exprime encore plus catégoriquement :

Tout le système de domination des bolchéviks repose sur des méthodes menant à la ruine et non au relèvement de l'industrie. Il est très possible qu'ils n'arriveront jamais à assainir la Russie, qu'ils ne font que ruiner.

Dans ses affirmations, Kautsky manifeste une telle ignorance, une telle impudence, une telle haine de petit-bourgeois que Dan lui-même, son camarade de parti, n'a pu y tenir. Dans l'article que nous avons déjà cité, ce menchévik russe écrit :

L'analyse et les perspectives pessimistes de Kautsky étaient justes dans une certaine mesure jusqu'en 1921, jusqu'à l'adoption de la nouvelle politique économique. Elles pourraient redevenir justes si les bolchéviks — ce que personne n'attend, évidemment — revenaient soudain (et pouvaient revenir) au communisme de guerre. Mais elles ne correspondent nullement au développement réel de la Russie actuelle : l'expérience journalière de chaque ouvrier ou paysan russe qui a vécu les années de famine de 1918 à 1920 témoigne contre cette « théorie de l'appauvrissement ». Tous les chiffres de la statistique économique témoignent également contre elle.

Jusqu'en 1921, toute l'économie du bolchévisme se ramenait en effet à la destruction des forces de production et à la consommation des réserves amassées. Et alors, en effet, le désespoir des masses populaires ne trouvait d'autre issue que dans des soulèvements incessants atteignant des proportions formidables et dégénérant en guerre civile.

Amusant spectacle ! Kautsky déclare que, jusqu'en 1920, tout allait encore assez bien, que les masses mêmes étaient enthousiasmées, mais que maintenant tout va de mal en pis et que l'insurrection est proche. Dan, au contraire, affirme que, jusqu'en 1920, la situation était si affreuse que les masses ne cessaient de se soulever — ce qui provoqua la guerre civile — et que les assertions de Kautsky sur la période actuelle sont en contradiction avec toute l'expérience et avec toute la statistique.

Cependant, Kautsky s'est chargé de résoudre la question de l'insurrection. Il a composé à ce sujet un mémorandum qu'il a présenté à la IIe Internationale. Il donne des conseils même aux Etats impérialistes. Belle argumentation scientifique, en effet, que celle qui est en contradiction avec l'expérience et la statistique ! La statistique, on le sait, n'est pas une science ; quant à l'expérience, il n'y a que les empiristes qui en tiennent compte.

Du choc frontal de ces deux chefs social-démocrates éminents, il ressort que tous deux dénaturent la vérité. Dan la dénature quand il ne voit rien que de mauvais dans la période du communisme de guerre (il ne voit ni l'enthousiasme dont parle Kautsky, car il ne comprend pas le sens de la guerre civile et de notre révolution, ni la nécessité du communisme de guerre). Quant à Kautsky, il dénature presque tout, car il n'a dans la cervelle que la Société des nations.

D'ailleurs, nous faisons beaucoup d'honneur à Kautsky. Dans sa haine de l'Etat prolétarien, il a surpassé même ses patrons, par exemple les capitalistes anglais (ce qui arrive fréquemment aux serviteurs trop zélés). Ainsi, nous avons sous les yeux en ce moment la revue la plus sérieuse des milieux commerçants anglais : l'*Economist* du 15 novembre 1924. Dans un article intitulé : *Les problèmes de la situation économique en Russie*, nous lisons ce qui suit au sujet de la nouvelle politique (c'est-à-dire de l'année 1921) :

C'est de ce changement que l'on peut faire dater le début de la nouvelle prospérité économique en Russie.

En ce qui concerne la fin de l'année 1924, l'*Economist* constate :

Quelques-unes des manifestations les plus sensibles de l'amélioration obtenues au début de l'année dans la situation économique sont connues de tout le monde. L'amélioration des transports, l'amélioration des conditions de travail et, surtout, l'établissement d'une monnaie ferme sous forme de billets de banque de l'Etat au lieu du papier-monnaie soviétiste déprécié — réforme terminée cet été — tels sont les résultats les plus importants à mentionner ; mais l'amélioration des méthodes techniques dans le domaine des finances et dans certains autres, ainsi que le relèvement marqué de la production sont des symptômes d'une grande importance.

Tous ceux qui suivent tant soit peu la littérature économique savent que l'on ne saurait suspecter l'*Economist* de sympathies exagérées envers l'Union Soviétique. Mais Kautsky, nous l'avons dit, a surpassé ses patrons.

Prenons la *Frankfurter Zeitung*. Voici ce que nous y lisons au sujet de la dernière période du développement de notre économie :

La Russie renaît économiquement. Si même l'on doute de l'exactitude de la statistique officielle, on est obligé de s'incliner devant les faits que l'on voit de ses propres yeux. L'animation extraordinaire de Moscou saute aux yeux même de ceux qui ne peuvent comparer la situation actuelle avec la décadence des années précédentes. Il ne saurait être question d'une mise en scène artificielle sur une aussi vaste échelle. De province, je reçois des attestations analogues de témoins impartiaux... « Notre croissance impétueuse », telle est l'expression que l'on entend de toutes les bouches.

Croyez-vous, Monsieur Kautsky, que nous ayons trompé également le correspondant de la *Frankfurter Zeitung ?*

Nous pourrions citer encore une foule de témoignages du même genre. Mais ceux que nous avons rapportés suffisent. Tout lecteur impartial comprend qu'il est impossible de se fier aux témoignages et à la « science » de Kautsky.

Nous donnerons maintenant, sur le développement de l'agriculture, quelques chiffres empruntés aux documents officiels de la Direction centrale de Statistique.

Surface ensemencée de 1916 à 1924 en U. R. S. S. (sans le Turkestan, la Transcaucasie et la République mongolo-bouriate)

(en milliers de déciatines) (1)

Années	Total	Blés d'hiver	Blés de print.
—	—	—	—
1916	87.382,9	27.837,7	59.545,2
1923	70.861	23.525,3	44.035,7
1924	77.241,7	28.158,9	49.082,8

Quantité de bétail en U. R. S. S.

(en milliers de têtes)

Années	Chevaux	Gros bétail	Mout. et chèv.	Porcs
—	—	—	—	—
1916	31.512,8	50.074,6	84.353,5	10.527,7
1923	21.408,1	41.808,0	58.258,7	9.394,9
1924	22.878	47.596,8	69.959,8	17.802,8

Comme on le voit par ces tableaux, l'agriculture se rapproche assez rapidement du niveau d'avant-guerre. On remarquera que, l'année dernière, la surface ensemencée a considérablement augmenté, malgré la mauvaise récolte. Comme le

(1) 1 déciatine = 1 hectare 09.

montre le tableau ci-dessus, la surface ensemencée en blés d'hiver dépasse déjà celle de 1916. Voici, année par année, le tableau de l'accroissement de la surface ensemencée en blés d'hiver :

Années		En milliers de déciatines
1916-17	....	27.837,7
1921-22	....	22.363,8
1922-23	....	26.532
1923-24	....	27.606,5
1924-25	....	28.382,6 (1)

Ainsi donc, en dépit des assertions de Kautsky, la superficie des emblavures et la quantité de bétail augmentent régulièrement en U. R. S. S. Si l'on donne à la surface des emblavures le coefficient 100 pour 1916, le coefficient sera de 81 pour 1923 et de 88,4 pour 1924 (pour les blés d'hiver les chiffres correspondants sont 95,3 et 101,3).

Pour le bétail, la proportion est la suivante :

Années	Chevaux	Gr. bétail	Moutons	Chèvres	Porcs
1916 ...	100	100	100	100	100
1923 ...	67,9	82,4	69,5	57,5	48,1
1924 ...	72,5	93	83,4	71,5	89,1

Le développement de l'industrie s'effectue à une allure beaucoup plus rapide. Ce développement, particulièrement impétueux pendant le deuxième semestre de l'exercice de 1924-1925, ressort avec évidence du tableau suivant :

---

(1) Le léger écart de chiffres entre le 1er et le 2e tableau s'explique par le fait que, dans le 2e tableau, la superficie emblavée en Ukraine a été évaluée d'après les données de la Direction Statistique ukrainienne, alors que, dans le 1er tableau, elle a été évaluée d'après les données de la Direction Centrale de Statistique de l'U. R. S. S.

Valeur de la production industrielle
(en milliers de roubles d'avant-guerre)

Années	Industries à fonctionn. inint.	Industries saisonnières	Total	Par rapport à 1921-22: Industries à fonct. inint.	Par rapport à 1921-22: Total
—	—	—	—	—	—
1921-22	833.284	16.996	850.280	100	100
1922-23	1.199.359	39.497	1.238.856	144	146
1923-24	1.553.367	64.468	1.617.835	187	190
1er semestre 1924-25 ...	1.174.235	—	—	—	—

Comme on le voit, le chiffre du premier semestre de l'exercice 1924-1925 atteint presque celui de l'année dernière tout entière, quoique, durant cette année, la progression ait été extrêmement forte. Si l'on compare les chiffres du tableau précédent à ceux de la norme d'avant-guerre, on a la proportion suivante :

1921-22	23 %
1922-23	31 %
1923-24	40 %
1924-25 (moyenne)	70 %

Actuellement, nous avons dépassé ce dernier chiffre et le développement de notre industrie s'effectue à une allure de plus en plus vive, particulièrement celui de la grande industrie, qui se relève la dernière, mais par contre avec une rapidité extrême.

Le niveau du *salaire réel* s'élève également. Pour toute l'industrie, sa moyenne est de 85 % (y compris les services gratuits) de celui d'avant-guerre. Dans une série de branches d'industrie, les salaires sont même supérieurs à ceux de 1913 et le développement continu des forces de production ne fera que contribuer à leur augmentation.

Citons encore quelques chiffres pour les autres branches de l'économie. Voici un tableau qui donnera une idée du développement des transports :

Moyenne journalière de wagons chargés

Trimestres

Années	1er	2e	3e	4e	Moyenne annuelle
1921-22	10.622	8.825	10.620	9.462	9.590
1922-23	11.971	11.800	11.299	11.895	11.744
1923-24	13.514	12.996	13.056	14.525	13.517
1924-25	16.344	16.374	16.637	—	—

Par suite du développement de la circulation des marchandises dans le pays, le crédit acquiert de plus en plus d'importance. Il en est de même des banques. Voici des chiffres montrant l'augmentation de la balance de la Banque d'Etat :

Balance de la Banque d'Etat

(en millions de roubles)

1er janvier 1922	53
1er janvier 1923	131
1er janvier 1924	1.099,1
1er janvier 1925	2.051,2
23 juin 1925	2.849,3

Quelques mots enfin sur le budget de l'Etat. Il est incontestable, et tout le monde le reconnaît, que nous avons consolidé notre système monétaire, puis le budget de l'Etat. Notre budget d'Etat croît rapidement, reflétant ainsi la progression générale de l'économie en U. R. S. S. D'après les évaluations préliminaires, il se montera pour 1925-1926 à 3 milliards 560 millions de roubles, soit à 870 millions (32,6 %) de plus que pendant l'exercice actuel.

Ces quelques chiffres que nous venons de citer suffisent.

En définitive :

Les chiffres contredisent Kautsky ;

L'*Economist*, dans la question qui nous occupe, est contre lui ;

La *Frankfurter Zeitung* est contre lui ;

M. Dan est contre lui ;

L'expérience de chaque payson et ouvrier, d'après le témoignage de Dan, est aussi contre lui.

Voilà donc les témoins les plus divers. Mais notre homme se moque de leurs témoignages. Que peuvent bien lui faire les chiffres, les données, les témoignages ! *Censeo Carthaginem esse delendam !* Je pense qu'il faut détruire Carthage, telle est sa devise.

Et pour détruire la Carthage rouge, Moscou, tous les moyens sont bons : l'Entente comme la calomnie. Les faits sont contre nous : au diable les faits ! Les témoins infirment nos déclarations : ils se trompent ; à bas les témoins !

Voilà cù en est arrivé l'ex-théoricien du marxiste, le renégat actuel qui a nom Karl Kautsky.

Le soi-disant « krach du communisme » et le capital privé dans l'industrie

Dans ce qui précède, nous avons montré toute l'ignorance du « savant » Karl Kautsky, lorsqu'il se met à raisonner sur les faits élémentaires de notre vie économique.

Mais cette circonstance ne l'accable aucunement. Avec l'aisance d'un « écrivain » qui travaille pour de bons clients, M Kautsky résume d'une façon décisive et énergique :

> Le bolchévisme ne fut pas en état de donner quoique ce soit de ce qu'il promit. Toutes les promesses dont il était si peu avare et par lesquelles il sut entraîner un grand nombre de disciples illusionnés, le bolchévisme fut obligé de les déclarer l'une après l'autre comme étant des illusions et des erreurs... Naturellement, il ne reconnaît pas jusqu'à présent la vérité complète, c'est-à-dire que son régime ne mène pas au socialisme, mais s'en éloigne. Il n'est plus en état de produire autre chose que des cascades d'injures à l'adresse de ses critiques (pp. 13 et 14).

Pourtant, il appert que les bolchéviks sont dans l'obligation de relever l'économie, car « tout gouvernement tend à la puissance et à la richesse de l'Etat qu'il gouverne » (p. 22).

Et Kautsky continue :

> Par conséquent, les bolchéviks sont obligés d'essayer de remettre sur pied l'industrie et les transports qu'ils ont paralysés. Ils le font, d'une part, au moyen du partage du monopole de l'exploitation du peuple russe, à quoi tend tout leur « communisme », avec des capitalistes particuliers, particulièrement avec des capitalistes étrangers qui payent largement pour cela et qui savent mener les affaires d'une façon plus rationnelle que les bolchéviks ; d'autre part, au moyen de la destruction du mur chinois qu'ils ont élevé autour de la Russie Soviétique, à l'exemple des gouvernements capitalistes (p. 22).

Et ensuite :

> Les emprunts et les concessions capitalistes, voilà la panacée qui permettra au communisme gravement malade de se remettre sur pied (p. 32).

Voilà tout ce que M. Kautsky a pu présenter comme preuves de notre dégénérescence économique.

En somme, que voyons-nous ?

Le bolchévisme a promis le paradis communiste, ou tout au moins un acheminement vers ce paradis. Il n'a pas tenu ses promesses. Il a reconnu que c'étaient des illusions et des erreurs. Il a établi un régime d'exploitation du peuple russe. Il est gravement malade. Il se sauve avec l'aide du capitalisme étranger, sans lequel il risque de mourir. Il éloigne de plus en plus la société du socialisme.

Ces accusations sans fondement se complètent par quelques remarques dites en passant, à tout hasard, sur le blocus de la Russie soviétique, auquel les interventionnistes auraient travaillé de même que ceux contre lesquels cette intervention était dirigée.

Nous laisserons cette dernière remarque sans réponse, car à une sottise visible on ne répond pas. Rappelons-nous que Kautsky lui-même reconnut que l'intervention était la guerre de *la réac-*

tion contre la révolution. Maintenant, passons à l'examen des questions contenues dans l'acte d'accusation de Kautsky.

Il faut avant tout poser les questions d'une façon claire et précise et ne pas parler à demi-mot.

Que signifient les « reproches » de Kautsky, prétendant que le bolchévisme a reconnu que ses promesses étaient des erreurs et des illusions ?

Ceci est une accusation qu'il faut formuler ainsi : le bolchévisme a promis de réaliser le socialisme et a tenté de le faire ; mais il a rapidement cédé ses positions il a capitulé en instaurant la soi-disant « nouvelle politique é ,nomique ». Mais comment peut-on déchiffrer les discours prophétiques de Kautsky?

L'acheminement vers le capitalisme, *ce sont les concessions et les emprunts*. On est donc en présence d'une dégénérescence capitaliste de l'Etat et du pouvoir soviétistes et du Parti Communiste, véritable trahison envers le prolétariat. Les illusions se sont dispersées au vent, la prose de la vie est restée, et cette prose, c'est l'exploitation capitaliste. Le stade historique du bolchévisme, toute son évolution s'exprime non seulement par une croissance de la misère, mais par un passage toujours grandissant à des positions capitalistes.

Nous voyons que c'est ainsi qu'il faut interpréter les paroles de Kautsky par les commentaires de sa gouvernante, qui se promène avec ce vieillard dans les jardins de la « réalité soviétique ». Il s'agit de M. Dan.

Le citoyen Dan n'est pas aussi vieux, n'est pas aussi bête et n'est pas aussi éloigné de la vie que l'est M. Kautsky. M. Dan ne nie pas notre relèvement économique. Il se console seulement de ce que ce relèvement aurait lieu malgré tous les efforts de notre Parti.

Ce progrès, écrit M. Dan, s'est obtenu par la lutte contre la dictature bolchévique, qui se retirait pas à pas sous la pression de l'économie.

Mais cette croissance donne aux classes qui participent à la production de tout autres moyens de lutte contre l'oppression bolchévique : moyens de pression sur le gouvernement bolchévik, à la place d'un soulèvement de désespoir qui était leur seule arme dans les années de déclin économique.

(Remarquons ici que M. Dan justifie postérieurement le soulèvement demandé, tandis que d'après Kautsky c'est la guerre de la réaction contre la révolution qui se produisait.)

Nous assistons justement maintenant à une pression de la paysannerie, qui oblige ainsi les bolchéviks à faire les plus grandes concessions économiques non seulement dans le domaine de l'économie paysanne, mais encore dans le domaine du commerce et de l'industrie qui desservent la paysannerie : la liberté économique des « koulaks » la faculté de prendre des terres à bail et d'employer de la main-d'œuvre salariée dans les campagnes, la réduction des impôts, l'encouragement de l'artisanat, les avantages (comparés à quoi ?) aux commerçants et aux industriels privés, *qui préparent en fait la dénationalisation*, etc., etc.

Nous ferons remarquer tout d'abord toute l'hypocrisie, tout le manque de liaison et la contradiction des raisonnements menchéviks. D'après Kautsky, la nouvelle politique économique serait d'une part une avance que nous faisons au capital privé et signifierait que nous reconnaissons notre communisme comme étant une erreur, etc., etc. Il affirme cela afin d'éloigner les ouvriers de nous. Mais, d'autre part, d'après ce même Kautsky, les bolchéviks ne pensent pas à partager leurs droits d'exploiteurs avec les capitalistes. Ils se tiennent au-dessus des ouvriers et des capitalistes. Ceci est nécessaire afin d'effrayer les commerçants étrangers. En un mot, c'est une assurance sur les deux fronts. Le critérium pratique de la vérité dégénère chez Kautsky en une simple idéologie obséquieuse et contre-révolutionnaire.

M. Dan et toute sa compagnie raisonnent pourtant avec plus de logique. Mais on remarque encore mieux chez eux leur rôle de Judas. Leur mot d'ordre est le retour au *capitalisme sain*. Kautsky nous accuse en passant d'éloigner la société du socialisme ; il remarque de même qu'en « Russie bolchévique » il n'existe aucun précédent pour l'établissement du socialisme. Mais il a peur de dire ouvertement : « Vive le capitalisme sain ! » Les menchéviks le disent. Tout développement des rapports capitalistes est salué par eux, car ils le considèrent comme un progrès. Et vraiment, comment ne pas le considérer comme un progrès, si tout l'idéal marxiste est contenu chez eux dans l'idée de « capitalisme sain » ? Ils haïssent le pouvoir soviétique, *parce qu'il ne donne pas l'espace nécessaire au développement des rapports capitalistes.* Ils espèrent que les couches aisées des paysans, c'est-à-dire les koulaks en premier lieu, ainsi que les marchands qui les desservent, comme s'exprime M. Dan, effectueront une pression suffisante sur ce pouvoir pour le pousser vers la République démocratique, qui est une superstructure politique assez commode *pour le développement libre des rapports de production capitaliste.* En s'adressant aux marchands, aux koulaks, aux nepmans, à une partie des intellectuels, ils nous attaquent pour les obstacles que nous mettons au capitalisme. Et en s'adressant aux ouvriers, ces chevaliers du « capitalisme sain » font semblant en même temps de protester contre de trop grandes concessions au capitalisme. Ils ont même l'aplomb de parler d'une « grande dénationalisation » dont ils rêvent en cachette, mais qu'ils ne peuvent voir que dans les doux songes menchéviks.

La question du « krach du communisme » se résout assez facilement, si l'on a soin toutefois de regarder simplement la chose, sans mettre auparavant des lunettes menchéviques.

Le système du communisme de guerre était, comme nous l'avons souligné dans le chapitre précédent, le système de l'économie de consommation unifié. Pourtant, dans un complexus économique pareil, où toute la production de blé, de bétail, etc., se répartit entre 22 millions de fermes, le trafic ne peut pas exister sans passer par le marché. Durant la période de guerre, le point central était dans la consommation rationnelle. Dans la période de paix, il se trouve dans la production maximum. Si la période de guerre provoquait des illusions, puisque l'on pensait pouvoir organiser l'économie paysanne en forçant le trafic, l'expérience ultérieure montra que cela ne peut et ne doit être fait que par l'intermédiaire du trafic des marchandises. En même temps que se développe l'économie populaire générale et que le trafic devient de plus en plus actif, l'économie de l'Etat augmente d'importance ; le trafic paysan s'organise en sociétés coopératives, lesquelles s'incorporent au système économique général de l'Etat prolétarien, en assurant l'hégémonie économique aux banques prolétariennes, à l'industrie, aux transports. En vérité, quel terrible krach du communisme !

Tout homme honnête remarquera immédiateemnt l'énorme fausseté de tous ces reproches, de toutes ces attaques ignorantes, de toutes ces « critiques », de toutes ces pathétiques paroles de révolte de la social-démocratie hargneuse. Lancez-lui à bout portant cette question : Aurait-il fallu peut-être conserver le système du communisme de guerre ? — et vous verrez comme toute sa révolte factice se dispersera en poussière.

Il est inexact que nous nous soyons éloignés et que nous nous éloignions encore du socialisme. C'est justement le contraire qui est exact.

En effet, lors du communisme de guerre, presque tout était *juridiquement* entre les mains de l'Etat. *En fait*, il existait un marché clandestin, à commencer par la Bourse illégale et en terminant par le « colportage des produits ». Pendant ce temps, les entreprises de l'Etat (fabriques, usines, mines, transports) étaient dans un état désastreux ; elles ne pouvaient fonctionner, ne recevant ni charbon, ni matières premières, ni blé ; la petite production était devenue plus avantageuse que la grosse ; le petit marchand clandestin avait la préférence sur le grand magasin d'Etat. Mais en même temps, le système du communisme de guerre assurait en fait l'alimentation de l'armée et des ouvriers. Avec l'établissement de la nouvelle politique économique, les forces productives se mirent rapidement à croître. Le commerce régulier s'est légalisé. *Juridiquement*, l'Etat posséda entre ses mains beaucoup moins qu'à l'époque du communisme de guerre. En fait, l'Etat posséda plus, parce que le développement de la grosse industrie fut assuré.

Le schéma peut être présenté de la façon suivante :

	Système du commun. de guerre (trafic fermé)		Système de la Nep (trafic développé)	
	A l'Etat —	Aux capital. et marchands priv s	A l'Etat —	Aux capital. et marchands privés
1re année ...	100 a	a	100 a	5 a
2e année....	100 a-n	a-b	150 a	5 a
3e année....	100 a-xn	a-xb	200 a	7 a
	etc.	etc.	etc.	etc.

L'importance de « l'oasis socialiste » dans notre écomonie augmente au fur et à mesure que le trafic devient plus actif et que les forces productrices se développent. C'est ce qu'on appelle « le krach du communisme » !

C'est par l'intermédiaire du marché que nous nous approchons de la victoire de la production socialiste et par conséquent de la suprématie sur le marché ; telle est la loi de notre développement.

Le principal dans le processus de relèvement de ces trois dernières années consiste justement dans l'utilisation grandissante des capitaux du pays existants, mais cachés. Cette utilisation n'est devenue possible que grâce au rétablissement du trafic, grâce au système monétaire, aux impôts et au crédit (1).

On peut voir jusqu'à quel point M. Kautsky et les menchéviks ont raison en affirmant le krach du communisme, par le témoignage de l' « Economist » déjà cité. Ce dernier écrivait vers la fin de 1924 :

Après la mort de Lénine, dans le courant de janvier, un nouveau changement de la situation se produisit. Les éléments les plus extrêmes du Parti Communiste prirent le dessus et les entreprises privées tombèrent de nouveau en disgrâce... L'industrie et le commerce de gros sont presque en entier de nouveau entre les mains de l'Etat.

Il ne s'agit pas des éléments extrêmes, mais de la pression sur le commerce privé, qui a lieu lorsque nous développons no-

---

(1) Professeur Kafenhaus : *La grosse industrie en* 1923-24.

tre réseau commercial coopératif et de l'Etat. Il est vrai que nous avons ensuite desserré l'étau. Mais ce témoignage est suffisant pour comprendre l'importance relative du capital privé et du capital d'Etat. D'ailleurs, nous ne voulons laisser aucun doute dans l'esprit de nos lecteurs. C'est pourquoi nous allons analyser certaines données de statistique, bien que les arguments scientifiques de M. Kautsky évitent tout contact avec la statistique.

Tout d'abord, il est curieux de se rendre compte de l'importance de l'industrie d'Etat socialisée et de l'industrie privée ; on comprend ici les entreprises louées, les concessions et toute la « propriété privée industrielle ». Nous prendrons avant tout le nombre d'ouvriers salariés (1) et leur répartition par groupes d'entreprises.

Mouvement des ouvriers syndiqués

	Etat	Coopération	Privés
	—	—	—
1er janv. 1924.	1.840.744 (90,7 0/0)	74.122 (3,6 0/0)	116.247 (5,7 0/0)
1er octob. 1924.	2.024.796 (89,8 0/0)	96.950 (4,3 0/0)	130.068 (5,8 0/0)
1er janv. 1925.	2.044.928 (89,3 0/0)	115.582 (5,1 0/0)	124.014 (5,6 0/0)

Quelle désillusion avons-nous lorsque nous voyons de tels chiffres ! Plus de 5 % de salariés sont employés dans la capital industriel privé ! Est-ce là le krach de l'industrie d'Etat, de l'expérience bolchévique, etc., etc. ? Est-ce là la confirmation de la science de Kautsky ?

Tel est le rapport qui existe entre les entreprises industrielles capitalistes privées et celles de l'Etat, c'est-à-dire entre les entreprises qui emploient de la main-d'œuvre. On peut pourtant poser la question pour toute l'industrie privée, y compris celle qui n'est pas d'un caractère capitaliste, c'est-à-dire en comprenant dans l'analyse les artisans des villes et des campagnes, etc.

---

(1) Le terme « ouvriers salariés » n'est pas applicable aux ouvriers de l'industrie d'Etat. Nous l'employons faute d'autre terme.

Malheureusement, nous ne possédons pas en ce moment les données sur la production totale des différentes branches d'industrie. Nous ne pouvons juger de la situation que d'après le chiffre d'affaires des entreprises industrielles en liaison avec le prélèvement des impôts (1).

Tableau comparatif du nombre et de l'importance des différentes entreprises

	1922-23	Chiffre d'affaires (en milliers de roubles-or)	P. cent
Entreprises d'Etat ..	3.630	783.293	64,4
Entreprises coopérat.	2.915	29.317	2,4
Entreprises privées...	97.812	403.848	33,2
Total......	104.357	1.216.458	100%
Premier semestre 1923-24			
Entreprises d'Etat ...	8.868	976.406	67,3
Entreprises coopérat..	5.390	29.853	2,1
Entreprises privées...	271.921	444.143	30,6
Total......	286.169	1.450.402	100%
Deuxième semestre 1923-24			
Entreprises d'Etat ...	5.834	1.280.806	71,3
Entreprises coopérat..	3.819	36.634	2,1
Entreprises privées...	246.797	476.819	26,6
Total......	256.450	1.794.259	100%

Il faut naturellement avoir en vue que ces chiffres sont insuffisamment exacts. Mais il n'y a aucun doute qu'ils reflètent le tableau général.

Il faut noter en outre que les chiffres qui concernent l'industrie d'Etat sont inférieurs à la réalité. Ainsi, selon ces don-

(1) Les données que nous citons, empruntées au Commissariat des Finances, ont trait à l'impôt progressif, dont environ 80 % des entreprises sont frappées.

nées, le chiffre d'affaires de l'industrie d'Etat pour l'exercice 1923-24 est évalué à 2 milliards 1/4, tandis qu'en réalité la seule industrie dépendante du conseil suprême de l'Economie Populaire avait un chiffre d'affaires supérieur à 3 milliards.

Par conséquent, pour la période de 1922 à 1924 inclus, le chiffre d'affaires des entreprises d'Etat s'est élevé de 64,4 % à 71,3 %, tandis que, pour la même période, ce chiffre d'affaires pour les entreprises privées est tombé de 33,2 à 26,6 %.

Vraiment, les affaires vont si mal chez nous que notre fin est « absolument inévitable » !...

Nous devons tenir compte que les chiffres donnés se rapportent à l'industrie entière : tant à l'industrie des artisans qu'à la petite et moyenne, ainsi qu'à la grosse industrie. Les chiffres suivants du Commissariat des Finances montrent la part de l'industrie privée dans ce chiffre d'affaires pour le deuxième semestre de 1923-24 :

	Chiffre d'aff. absolu (en milliers de roubles)	Rapport avec le chiffre d'aff. des entreprises privées
1re catégorie (artisans des villes et des campagnes)	201.215	42.2 %
2e, 3e et 4e catégories (petite industrie)	187.037	39.8 %
5e à 12e catégorie (moyenne et grosse industrie)	88.510	18.0 %
	470.810	100 %

Si nous considérons l'importance de ces groupes dans le chiffre d'affaires de *toute l'industrie*, nous obtenons : artisans des villes et des campagnes, 11,8 % ; petite industrie, 10,4 % ; moyenne et grosse industrie, 4,4 % (au total, 26,6 %), chiffre qui correspond à peu près au chiffre des ouvriers occupés dans cette industrie. N'est-ce pas que cela ressemble à ce que dit Dan ? Nous allons directement à une vaste dénationalisation !

L'*Economist* exprime l'espoir, dans l'article déjà cité, que tout déclinera de nouveau chez nous, du moment que la participation de l'initiative privée ira en diminuant. On obtient pourtant en réalité un tout autre tableau.

Nous n'avons pas de données sur le chiffre d'affaires de l'industrie d'Etat pour l'exercice 1924-25. Nous n'avons que les chiffres pour le premier semestre de cet exercice sur 150 trusts et sur un groupe d'entreprises coopératives et privées. La réalisation pour 150 trusts est représentée par 453.567.000 roubles or pour le deuxième semestre 1923-24 et par 642 millions 152.000 roubles or pour le premier semestre de 1924-25 (augmentation de 41,5 %). Le chiffre d'affaires pour les entreprises privées pour le premier semestre de 1924-25 (renseignements incomplets) est en croissance de 5,4 % par rapport au deuxième semestre de l'année précédente et la coopération réalise une augmentation de 61,6 %. Si nous prenons ces chiffres comme moyenne pour toutes les autres entreprises dans les groupes correspondants, nous obtiendrons le tableau suivant pour la première moitié de 1924-25 :

	Chiffres d'affaires (en millions de roubles-or)	Proportion
Entreprises d'Etat	1.703	76,2 %
Entreprises coopératives	58	2,4 %
Entreprises privées	502	21,4 %
Total........	2.333	100 %

En liant ces chiffres à ceux qui ont été donnés plus haut, nous constatons que, pour la période de 1922 à la première moitié de 1924-25 inclus, le mouvement des rapports entre l'industrie d'Etat et l'industrie privée s'exprime comme suit :

	Entrepr. d'Etat	Entrepr. privées
1922-23	64,4	33,2
1re moitié 1923-24	67,8	30,6
2e moitié 1923-24	71,3	26,6
1re moitié 1924-25	76,2	21,4

L'économie de l'Etat recule-t-elle devant l'économie privée ? De quelle perspicacité, de quelle sagacité, et en même temps de quelle conscience et de quelle prétention font preuve ces écrivains social-démocrates !...

Nous voyons donc qu'en ce qui concerne l'industrie, le coup monté par Kautsky est vraiment manqué. Comme toujours, il n'a pas de chance, dès qu'il est question de faits et de chiffres. Il n'a pas eu de chance dans l'industrie, peut-être en aura-t-il plus dans le commerce ?

C'est ce que nous allons voir.

Le soi-disant krach du communisme et le capital privé dans le commerce

Nous passons à présent à l'analyse des rapports existants entre le commerce d'Etat, la coopération et le commerce privé. Le rôle du capital commercial privé doit être de même clarifié. Mais il faut, auparavant, faire certaines remarques générales.

Le rôle du commerçant privé devient inévitablement très important dans le pays où domine le marché et où existent des millions de petits producteurs. Chaque commerçant privé n'est pas toujours un capitaliste commerçant. Mais, d'autre part, il est absolument clair que la présence d'un commerce privé, si petit soit-il, est une base pour la création d'un capital commercial privé. Cette vérité est indiscutable. Elle doit être un axiome pour nous.

D'autre part, il faut avoir en vue ce qui suit. Si, dans le domaine de la production industrielle, l'Etat est dominant, c'est-à-dire la grosse industrie socialiste, le rôle du capital commercial, avec ses fonctions d'intermédiaire, est objectivement distinct de son rôle social dans les conditions du régime capitaliste où les moyens fondamentaux et décisifs de la production appartiennent aux capitalistes. Dans un cas comme dans l'autre, le capital commercial reçoit un bénéfice, produit du labeur des ouvriers, de celui des artisans et de celui des paysans. Mais sous le régime, où les moyens de production sont réglés par le prolétariat, le capital commercial est un intermédiaire entre l'industrie prolétarienne et les consommateurs de différentes espèces ; sous le régime capitaliste, il est l'intermédiaire entre l'industrie capitaliste et les consommateurs. Si nous prenons les rapports caractéristiques et typiques pour notre pays, nous voyons que le capital commercial était un intermédiaire entre le capitaliste industriel et le paysan, tandis que maintenant il est objectivement l'intermédiaire entre le paysan et l'Etat ouvrier. Sous le régime capitaliste, il est le chaînon qui réalise le bénéfice industriel pour le capitalisme industriel. Sous le régime de la dictature du prolétariat, il aide objectivement à la réalisation des profits de l'industrie socialisée et, par cela même, il collabore indirectement à l'accumulation socialiste.

Mais les vérités élémentaires de l'économie politique nous disent que le capital commercial a tendance à se transformer en capital industriel. Une certaine stabilité du capital commercial et une certaine accumulation de ce capital le transforment en capital industriel. La domination du capital dans la circulation passe dans la sphère décisive de la vie économique, dans la production. C'est pourquoi il existe un certain danger dans notre système : si le capital commercial croît de plus en plus, s'il passe à l'offensive, s'il se transforme en capital industriel, s'il commence à concurrencer avec succès l'industrie de l'Etat, alors que l'initiative privée se fraye un chemin à travers l'économie bureaucratique de l'Etat (selon l'expression des libéraux), et alors nous sommes en présence d'un mouvement régressif qui nous éloigne du socialisme. C'est ainsi qu'est possible notre évolution à rebours.

Mais, par malheur pour Kautsky et toute la confrérie socialiste, des menchéviks et des s.-r., qui ont soif d'un mouvement pareil, il n'existe rien de semblable chez nous. Dans le chapitre précédent, nous avons vu qu'il n'existe et qu'il ne peut être question d'aucune offensive de la part du capital dans l'industrie. Au contraire, un développement ferme et certain, un relèvement constant se produit dans notre industrie d'Etat, dans notre grosse industrie socialisée.

Nous verrons maintenant que dans le commerce le même processus se produit, quoique les proportions entre le capital coopératif et d'Etat et le capital privé soient ici, naturellement, complètement différentes.

Nous avons déjà rappelé plus haut que dans le système du communisme de guerre, lorsque presque toutes les fonctions de la production et de la circulation appartiennent *juridiquement* à l'Etat, et que le commerce privé est interdit, ce dernier possède en *fait* une importance primordiale. Selon l'étude spéciale de A. Lositski, faite pour vingt-six gouvernements, pour la période de 1918-19, il a été fourni à la population des villes et des agglomérations ouvrières, 42 % des produits agricoles par le Commissariat de l'Alimentation (organe de la répartition d'Etat), et 58 % par les « colporteurs de produits ». Il faut avoir en vue que l'industrie ne travaillait alors presque exclusivement que pour la défense du pays. En 1920, l'approvisionnement de la population par rapport à 1921 était tombé de 86,5 %. Les paysans ne recevaient que 13 % de ce qu'ils recevaient en 1912.

Après la N. E. P., l'Etat se trouva en face d'un état de choses où l'appareil d'Etat pour l'écoulement des marchandises était absent, tandis que se déchaînait un torrent de plusieurs millions de petits commerçants privés. Même dans le domaine du commerce de gros, même dans les affaires entre organes d'Etat, « l'intermédiaire privé », c'est-à-dire le capitaliste commerçant jouait un rôle énorme au début. La statistique du Conseil Suprême de l'Economie Populaire note que, pour la période de janvier à mars 1922, une moyenne d'environ 1 quart du chiffre d'affaires de 54 à 63 organisations d'Etat se traitait avec des particuliers. Une étude spéciale faite par Jirmounski sur le rôle du capital privé, montre que ce chiffre est très inférieur à la réalité (1).

Dans la deuxième moitié de l'exercice 1921-22 (mai-juin-juillet), 37-38 % du chiffre d'affaires total des organisations

---

(1) Jirmounski. *Le capital privé dans le trafic*, 1924, page 13.

d'Etat était entre les mains de particuliers et 35-45 % de ce chiffre d'affaires entre organisations d'Etat et particuliers (1).

Par conséquent, aux sources mêmes de la production, les particuliers détenaient une partie importante des clés. Nous obtenons un tableau encore plus vif si nous considérons certaines des branches les plus importantes de l'industrie pour la période de mars à novembre 1922.

Dans *l'industrie textile*, environ 40 % de la production tombaient directement entre les mains de particuliers. A certains mois, ils parvenaient à recevoir de 70 à 80 % de cotonnades.

Le *sel*, qui jouait alors un rôle énorme, ne trouvait en majeure partie son écoulement que par le marchand de gros particulier.

Le *caoutchouc* était acheté en gros par les commerçants particuliers dans la proportion de 48,5 % ,etc. (2).

On peut dire que, dans le domaine du commerce, la situation était très dangereuse : il y avait à la base un nombre infini de commerçants privés, à commencer par les paysans, qui donnèrent naissance à de petits et infimes « capitalistes » qui, à leur tour, donnèrent naissance à des cadres plus importants. En haut de l'échelle, des hommes d'affaires agiles et souples, de l'espèce des spéculateurs, des profiteurs, pénétrèrent dans tous les pores et toutes les interstices de l'organisme de l'Etat, après avoir reçu la possibilité de se mouvoir. Ils s'insinuèrent partout où il y avait la possibilité d'obtenir un gain exagéré, de grands bénéfices par la spéculation.

C'était une époque tout à fait exceptionnelle, car l'Etat et la coopération en fait d'appareil commercial ne possédaient qu'un grand vide. Mais durant cette époque s'effectuait un double processus : d'une part, un processus d'une certaine accumulation du capital privé, et, d'autre part, un processus d'organisation fiévreuse, d'un choix d'hommes, d'accumulation d'expérience commerciale dans les organes d'Etat et ceux de la coo-

(1) Jirmounski, *Le capital privé dans le trafic*, 1924, page 18.
(2) Jirmounski. *Idem*, pages 21 et suivantes.

pération nouvellement organisés. De cette façon, le rôle du capital commercial privé durant cette courte période fut, jusqu'à un certain point, de récolter les « frais d'enseignement » des organisations qui se remettaient progressivement sur pied dans leur lutte avec le capital privé. Ce n'est qu'après cette période de début que l'Etat ouvrier put entreprendre une offensive progressive, lente, et à peine visible au début sur le front commercial.

Selon les données fournies par le Commissariat des Finances, la dynamique du développement peut être caractérisée par les tableaux suivants :

Trafic intérieur de l'U. R. S. S.
(en millions de roubles)

I. — AVANT 1923-24

	Etat	Coopération	Commerce privé	Total
Chiffres absolus	3.203,3	1.123,3	3.392,2	7.719,0
% por rapport au total..	41,5	14,6	43,9	100
	56,1 (Etat + Coopération)			
Avec le comm. pays (arrivages), chiff. approximat.	3.203,5	1.123,3	4.391,8	8.719,0
% par rapport au total....	36,4	12,7	50,9	100
	49,1 (Etat + Coopération)			

II. — 1923-24

	Etat	Coopération	Commerce privé	Total
Chiffres absolus	6.021,3	2.845,5	4.965,7	13.832,5
% par rapport au total..	43,5	20,6	35,9	100
	64,1 (Etat + Coopération)			
Avec le comm. pays. (arrivages), chiff. approximat.	6.021,3	2.845,5	6.965,7	15.832,5
% par rapport au total....	38,1	18,0	43,4	100
	56,0 (Etat + Coopération)			

Par conséquent, le commerce d'Etat et de la coopération se sont élevés de 56,1 % à 64,1 %, tandis que le commerce privé est tombé de 43,9 % à 35,9 %. Nous obtenons la même augmentation relative du commerce d'Etat et de la coopération, si nous tenons compte du commerce direct des paysans (arrivages).

Donc, à *l'encontre de Kautsky, à l'encontre des apologistes du capital du camp des soi-disant social-démocrates, nous constatons chez nous, quoi qu'il en soit, un processus de développement des formes anticapitalistes dans le trafic des marchandises.*

Nous avons mentionné des chiffres généraux qui ne prétendent pas à une exactitude absolue, mais la preuve qu'ils reflètent la réalité est prouvée par le fait que toutes les autres données indiquent la même tendance *de réduction relative du rôle du commerce privé.*

Voici, par exemple, les données sur les clients de douze de nos syndicats d'Etat (syndicat textile, des cuirs, des métaux, des métaux de l'Oural, des machines agricoles, du naphte, des silicates, du tabac, des huiles végétales, des graisses, de l'amidon et de la mélasse, du sel) :

Chiffres d'affaires de gros de 12 Syndicats, avec répartition par catégorie de clients
(en %)

Exercices	Total général en milliers de roubles	Etat	Coopération	Sociétés mixtes	Particuliers	Indéterminés
1er semestre 1923-24	210.829	55,3	23,3	0,5	20,0	0,9
2e semestre 1923-24	231.107	44,2	39,5	0,1	15,6	0,6
1er semestre 1924-25	410 856	39,7	46,0	1,2	12,6	0,5

De cette façon, dans un laps de temps très court, le pourcentage des achats particuliers a été diminué presque de moitié (de 20,0 à 12,6 %) (1).

(1) Renseignements fournis par le Commissariat du Commerce intérieur.

L'analyse du chiffre d'affaires des Bourses de marchandises dénote une même tendance générale. Le chiffre d'affaires de la Bourse de Moscou et de 70 Bourses de province a été plus que doublé depuis le premier semestre de l'exercice 1923-24 à la fin du premier semestre 1924-25 (202.9 %). La répartition par clients est très intéressante, d'ailleurs.

Chiffres d'affaires de la Bourse de Moscou et de 70 Bourses de province par catégories de clients
(en millions de roubles)

I. — Ventes

	Etat		Soc. mixtes		Coopération		Particuliers	
	B.M.	70 B.d.P.	B.M.	70 B.d.P.	B.M.	70 B.d.P.	B.M.	70 B.d.P.
1er semestre								
1923-24 ...	637.1	442,1	16,0	16,3	28,3	57,3	59,4	64,6
En %	85,0	76,2	2,2	2,8	3.8	9,9	8,4	11,1
2e semestre								
1923-24 ...	725,2	701,4	17,2	28,4	29,3	90,2	42,0	61,0
En %	68,1	70,0	2,1	3,3	3,6	10,2	3,2	6,9
1er semestre								
1924-25 ...	1.167,5	1.106,5	26,3	38,9	59,8	15,0	51,5	71,6
En %	89,5	80,5	2.0	2,8	4,6	11,5	3,9	5,2

La participation des entreprises privées au chiffre d'affaires des ventes à la Bourse est tombée : à la Bourse de Moscou, de 8,1 à 3.9 % ; aux Bourses de province, de 11,1 à 5.2 %.

II. — Achats

1er semestre								
1923-24 ..	473.7	327,0	26,8	16,8	83,3	123,4	150,8	112,2
En %	63,9	56,5	3,6	2,9	11.3	21,3	21,2	19,3
2e semestre								
1923-24 ..	527.0	432,8	18,2	25.3	179,1	316,7	98.0	106,3
En %	64,7	49,2	2,2	2,8	22.0	36,8	11,1	12.0
1er semestre								
1924-25 ..	935,1	627,2	22,2	59,0	263,0	408,9	84,8	119,8
En %	71,5	50,7	1,7	4,3	20.2	36,3	6,6	8,7

Par conséquent, le pourcentage des achats des particuliers par rapport au chiffre d'affaires total à la Bourse est tombé : à la Bourse de Moscou, de 21,2 à 6,6 %, c'est-à-dire de plus de 3 fois ; aux 70 Bourses provinciales, de 19,3 à 8,7 %, c'est-à-dire de plus de deux fois.

Il faut tenir compte, en outre, que les affaires traitées avec les particuliers étaient effectuées pour la plupart au compte du *Crédit d'Etat*, sous une forme ou sous une autre. Pour l'année 1923-24 jusqu'en mars, « 25 % au moins des produits industriels étaient livrés à crédit au capital privé » (1).

En analysant les différents processus du commerce intérieur, on constate certaines lois. Par exemple : développement rapide des opérations ; retraite continuelle du commerce privé ; développement particulier de la coopération, en tant que principale forme de répartition, etc. Le processus de cette retraite du commerce privé possède aussi ses caractéristiques ; avant tout, le commerce privé est rejeté hors des opérations de gros et se réfugie dans le commerce de demi-gros et de détail ; ensuite, il cède plus rapidement ses positions dans les villes pour se rejeter sur les campagnes. Dans ces dernières, le capital commercial privé procède principalement à des achats de blé et de matières premières. Mais là aussi, le commerce privé bat en retraite lentement des fortes positions économiques qu'il a su occuper sous la pression du commerce d'Etat et particulièrement de la coopération qui, sous notre régime, possède des droits et des avantages spéciaux et se trouve en liaison étroite avec les organes économiques de l'Etat prolétarien. L'immense travail de construction et d'organisation, qui est la caractéristique de notre époque, n'englobe pas encore suffisamment notre pays arriéré, divisé en dizaines de millions de fermes paysannes. C'est pourquoi, tout naturellement, le processus d'organisation économique sera ici de longue durée. Nous voyons pourtant,

---

(1) S. M. : *Rôle du capital privé dans notre économie*. Programme économique 1925, avril, page 86.

d'ores et déjà, comment la coopération, soutenue par les organes économiques de la dictature du prolétariat, remplace progressivement le revendeur, l'épicier et l'usurier.

Et quand nous parlons ici du rôle du capital privé, nous devons avoir en vue qu'il était financé par nous-mêmes dans une certaine mesure. Par exemple, « en 1923-24, l'approvisionnement en blé et en matières premières par les acheteurs privés s'effectuait en majeure partie avec les acomptes des entreprises d'Etat qui financaient ainsi l'acheteur en gros privé. La pratique des différentes entreprises fut très variée sur ce point, mais en général on peut considérer que le crédit moyen fourni par les entreprises d'Etat (sous forme d'acomptes directs, de crédits de banques sur marchandises ou lettres de voitures) était d'environ 30 % du chiffre d'affaires » (1). Il va de soi qu'au fur et à mesure du développement de la coopération, le crédit d'Etat se tourne de plus en plus de ce côté, et sous l'attaque économique combinée qui le presse de tous côtés, le capital privé est obligé de reculer pas à pas et de se réfugier de plus en plus à l'arrière du front économique en passant d'un domaine dans un autre. Mais là aussi pénètrent les détachements économiques du nouveau régime. C'est ainsi que se développe et se produit l'offensive victorieuse du socialisme.

Que peut objecter contre ces chiffres, ces faits, ces raisonnements le « savant » Karl Kautsky ? Que dira M. Dan au sujet d'une telle préparation à « une large dénationalisation » ?

Que diront-ils ? La même chose, amis lecteurs. Toujours la même chose. Malgré tout, malgré la raison, ils vont répéter comme des perroquets les mêmes mots et les mêmes phrases qu'ils ont appris depuis les journées d'octobre.

Telle est la volonté de la bourgeoisie internationale, dictée par la haine de la révolution, l'amour du coin tranquille, le respect de la sacro-sainte propriété, du chapeau haut-de-forme, du grand lit moelleux, du morceau de lard que la bourgeoisie

(1) S. M. : *Le rôle du capital privé, etc...*, page 68.

leur jette, à eux, les défenseurs de la « culture et de la civilisation ».

« Ohne Wurst und Speck
Hat das Leben keinen Zweck » (1)

Ou bien, concernant le révolutionnaire (!) Kautsky :

« Le monde a surtout besoin maintenant de tranquillité et de stabilité. »

Dormez bien, Monsieur Kautsky !

Mais pourquoi alors écrire des brochures si incendiaires ? Faites attention, citoyen ! Vous risquez de vous tromper doublement. En ce qui concerne le « lard » d'abord, et en ce qui concerne la « stabilité »...

L'établissement du socialisme et ses contradictions

Karl Kautsky résume ses raisonnements sur notre dynamique économique de la façon suivante :

Le régime bolchéviste signifiait en pratique, non pas l'établissement d'un régime nouveau, supérieur, indépendant de la production capitaliste, mais exclusivement le vol des possédants. En même temps, il provoquait l'arrêt de la production, qui amena rapidement la misère et la ruine de l'Etat. Impuissants à remédier à cet état de choses, les bolchéviks ont vu leur salut dans le pillage de la riche Europe. C'est pourquoi il leur faut aussi la révolution mondiale, c'est-à-dire la guerre ouverte ou sourde contre les gouvernements étrangers. Cet état de guerre réel, quoiqu'il ne soit pas toujours reconnu ouvertement, signifie l'isolement de la Russie du monde extérieur.

Remarquons tout d'abord en passant ces nouvelles affirmations ignobles et malpropres.

Nous avons vu plus haut que Kautsky reconnaît que l'intervention est une guerre de la *réaction contre la révolution*. Une

(1) « Sans saucisson ni lard, la vie n'a pas de sens ». Proverbe petit-bourgeois.

des parties inhérentes à l'intervention fut la lutte contre le transfert possible de cette révolution en Europe, n'est-ce pas ? Mais maintenant il paraît que cette révolution est un vol et que sa diffusion est un subterfuge des voleurs qui ont l'intention de dévaliser « la riche Europe ». Pourtant, s'il en est ainsi, pourquoi s'est-on refusé à l'intervention ? Est-ce qu'il n'est pas possible de se défendre contre un simple vol, qui n'a aucune prétention de transformer les formes de production inférieures en formes supérieures ?

Kautsky a mis tellement de hâte à lancer ses mensonges, s'est tellement dépêché de dire le maximum de choses utiles et agréables pour la bourgeoisie que le sac percé de son bagage idéologique a laissé perdre ses morceaux moisis de « marxisme » falsifié dont son maigre avoir « scientifique » était composé. En vérité, peut-on admettre qu'il n'y ait pas eu et qu'il n'y ait pas chez nous de *révolution prolétarienne* ? Mais Kautsky sait bien que la propriété terrienne féodale a été renversée et anéantie chez nous. Il sait que cette propriété terrienne composait la principale base économique du féodalisme et du servage dans la Russie arriérée. Il n'est pas difficile de voir par là, malgré les restrictions que nous avons faites, que Kautsky est un traître et un renégat. En effet, même dans ce cas, il aurait trahi aussi la révolution bourgeoise.

En réalité, Kautsky trahit simultanément la *révolution bourgeoise et la révolution socialiste*. C'est même logique jusqu'à un certain point. Car la bourgeoisie impérialiste d'Europe et d'Amérique, dont Kautsky est l'agent, est intégralement et complètement contre-révolutionnaire en tout lieu et partout : en Chine et en Allemagne, au Maroc et en Angleterre, en Egypte, aux Indes, en Amérique et au Japon, partout. La révolution dans n'importe quel pays est pour elle un vol collectif, la révolution mondiale est une mise en action de ce vol, les dirigeants de la révolution sont des chefs de voleurs. Ce point de vue « scientifique » remplit tous les journaux de boulevards et les éditions sérieuses des grosses banques, il grouille sous le crâne des évêques et des rois, des cocottes de haut vol et des gén raux, des grands diplomates et des espions de la police, des spéculateurs de l'usine capitaliste et des leaders social-démocrates...

Mais laissons ce thème. Nous devrons en reparler sur un autre sujet, et passons à la question des « moyens de production ». Dans les chapitres précédents, nous avons suffisamment montré et prouvé la pauvreté d'esprit de notre héros dans ce domaine.

Ses paroles sur la misère grandissante sont apparues comme des mensonges.

Ses paroles sur notre sauvetage au moyen de concessions ont été des mensonges.

Ses racontars menchéviks disant que notre développement est le développement du capitalisme victorieux ont été des mensonges.

L'affirmation que la tendance générale de notre développement est dirigée vers le capitalisme est un mensonge.

Et ainsi de suite, etc...

On a honte pour Monsieur Kautsky, qui est devenu un cancanier si malpropre, un si vulgaire et plat apologiste de la bourgeoisie, un ignorantin si insouciant...

Au fond, Monsieur Kautsky professe la « théorie de la violence » appliquée aux bolchéviks, théorie qui a été cruellement raillée par Engels en son temps. Pendant et après octobre s'est produit un vol grandiose. On volait chez soi, dans sa propre maison. Ensuite, on voulut voler dans les autres maisons. Ils vivent, en somme, « de vols et de violence ». C'est une magnifique conception. Mais dites, s'il vous plaît, amis lecteurs : est-ce que cela ne rappelle pas la fameuse anecdote des Italiens, qui se procuraient une piètre nourriture en empruntant l'un à l'autre ?

La révolution mondiale, dans le sens de piller les autres pays, n'a donc pas encore eu lieu. Ce serait plutôt les « autres pays » et « la riche Europe » qui auraient pillé notre pays jusqu'à présent, et cela avec la bienveillante permission du parti de Kautsky : il suffit de se rappeler l'occupation de l'Ukraine par les troupes allemandes. Notre victoire mondiale n'a pas encore eu lieu, disons-nous. Et par miracle, nous vivons, nous nous développons, nous allons de l'avant, et bientôt les masses ouvrières et paysannes vont fêter le VIII° anniversaire de leur victoire... Il n'y a rien à dire, les explications que donne l'honorable social-démocrate sont vraiment bonnes !...

Revenons à notre question. Nous avons vu plus haut les tendances principales du développement de l'industrie et du commerce. Il est nécessaire maintenant que nous saisissions théoriquement tout ce processus. Car la voie de l'établissement du socialisme dans notre pays agraire, et en général la voie de l'établissement du socialisme sont devenues maintenant beaucoup plus claires que huit ans auparavant, lorsque le prolétariat et son parti se sont trouvés pour la première fois en face de ce problème.

En U. R. S. S., nous sommes en présence d'une grande diversité de formes économiques. Dans les régions orientales éloignées du centre, au Caucase et ailleurs, on rencontre des restes de mœurs patriarcales, avec des indices irrécusables de communisme primitif ; par endroits, des survivances de féodalisme, d'économie naturelle ; dans l'agriculture, la forme dominante est l'économie petite-bourgeoise du producteur paysan, à degrés variables de production ; nous trouvons différentes formes de collectivité intercalées dans les économies individuelles (cartels, exploitations collectives, communes agricoles, etc.). Les domaines nationaux jouent un rôle relativement insignifiant.

Des formes innombrables d'interdépendance économique découlent directement de l'économie paysanne. Ce sont l'artisanat, la très petite industrie, qui jouent dans l'économie générale du pays un rôle qui n'est pas sans importance. Par suite de l'industrialisation de l'agriculture, nous trouvons des unions coopératives paysannes de production : huileries, fromageries, fabriques d'amidon et de mélasse, etc...

Dans les villes et dans les bourgs, nous avons aussi une grande variété de formes économiques : à côté de la production d'Etat, nous avons ici des entreprises privées au sens propre de ce mot, et des entreprises sous-louées par des personnes privées, des concessions, des entreprises coopératives et des « sociétés mixtes » où participent d'une part les capitalistes, d'autre part l'Etat prolétarien. Mais malgré toute cette variété de formes économiques, dont la composition sociale est diverse, les entreprises d'Etat forment un puissant bloc économique qui laisse loin derrière lui toutes les autres formes.

Nous voyons par là que le tableau est très bigarré. Les formes économiques, qui se transformaient l'une en l'autre durant des siècles, des années, existent simultanément chez nous et se situent dans l'espace. A l'un des pôles, nous avons la ferme patriarcale, à l'autre la fabrique socialiste d'Etat. Coordonner rationnellement ces formes économiques, ainsi que leurs stimulants économiques et les forces sociales de classe qui y correspondent, c'est-à-dire *assurer la direction du prolétariat et le développement le plus rapide des formes socialistes*, tout cela est un problème des plus compliqués.

Si nous jetons maintenant un regard d'ensemble sur tout le mouvement, il sera facile de se rendre compte des lois qui le régissent.

Durant la période de l'économie de guerre, lorsque les forces productrices déclinaient par suite de l'intervention, etc., la ville reculait devant la campagne ; la petite production, plus élastique dans les conditions anormales et irrégulières de la production : défaut de blé, de matières premières, de combustibles, de transport régulier, etc., se trouvait dans des conditions plus avantageuses que la grosse production.

Dans la période actuelle de relèvement, qui commence avec la nouvelle politique économique et qui s'est nettement manifestée pendant le dernier exercice de 1924-25, nous constatons le phénomène contraire : la ville se place de nouveau économiquement en tête de la campagne : la loi de la prédominance de la grosse industrie reprend tous ses droits ; c'est pourquoi l'industrie d'Etat mène économiquement tout le reste, en consolidant chaque mois son hégémonie dans la vie économique du pays.

La campagne à la suite de la ville, la ville à la suite de l'industrie d'Etat, telle est la liaison réelle des formes économiques en U. R. S. S.

Dans les chapitres précédents, l'expression de ces processus a été donnée par des chiffres. Il nous reste à ajouter ici que, selon les prévisions établies pour l'exercice 1925-1926, nous atteindrons vers la fin de cette année le niveau d'avant-guerre, et même le dépasserons dans certaines branches. Au fur et à mesure que notre industrie d'Etat se développe, la méthode, le plan y ont une place plus considérable ; en d'autres termes, notre processus économique se rationalise. D'ores et déjà, nous sommes en état d'appliquer des mesures complètement inaccessibles au régime économique privé. Il n'y a aucun doute que les avantages, non seulement de la grosse économie, mais encore ceux de l'économie systématisée, se feront sentir avec une force toute particulière pendant les prochaines années. Il s'ensuivra que la proportion entre l'économie d'Etat et l'économie privée changera de plus en plus au profit de la première.

C'est ainsi que nous posons la question. Mais Kautsky ne serait pas Kautsky si, ici aussi, il n'avait pas cherché à dire encore des sottises.

> Le raisonnement bolchévik, écrit-il, qui considère les abstractions théoriques, non comme une simplification, mais comme une image exacte de la réalité, est aveugle envers tous les stades transitoires. Il ne voit que la dictature du capital ou celle du prolétariat, un capitalisme ou un socialisme universels, et rien au milieu...

« Le raisonnement bolchévik » a trouvé son expression la plus claire, ainsi que nous le savons, dans « le raisonnement » du camarade Lénine. Mais affirmer que Lénine fut aveugle dans les stades transitoires, cela dénote une fois de plus le passage aux côtés des contre-révolutionanires les plus aveugles. Personne n'a accordé autant d'importance que Lénine à l'analyse concrète, à l'étude attentive des formes transitoires, à la variété de ces formes. Au fond, il est superflu de nous étendre sur ce sujet. Mais le plus étonnant dans Kautsky, c'est qu'il nous montre une paille inexistante dans notre œil, tandis qu'il s'efforce de ne pas remarquer toute la poutre qui se trouve dans son propre organe visuel. En effet, personne ne nous injurie tant que Kautsky pour n'avoir pas encore réalisé le communisme. C'est bien lui qui insinue au sujet de notre bloc avec les concessionnaires, qui en exagère l'importance et emploie l'argument du « socialisme universel ». C'est donc lui qui montre du doigt les formes transitoires, en déduit le krach du communisme, sans s'être donné la peine de se rendre compte ou de se renseigner de quel côté s'effectue le développement, dans quel sens changent les proportions entre les différentes formes économiques, quelle est la dynamique fondamentale de notre économie. Il vient ensuite avec un front serein et, en nous regardant innocemment, commence à nous accuser de ce dont il est lui-même coupable. Et c'est ce qu'on appelle de la critique !

Arrêtons-nous ici en passant sur un point important, tant pour nous que pour Monsieur Kautsky. Nous pensons qu'il est prouvé que nous voyons et le socialisme et les formes transitoires. Mais que Kautsky voit la coalition transitoire, mais ne voit pas la dictature du prolétariat, en s'enlisant sans espoir dans la coalition, ceci est un fait avéré ! Kautsky a bien mal choisi ses exemples. Kautsky s'est laissé prendre la main dans le sac. Car, de même que les formes de transition vers le socialisme n'excluent pas, mais supposent un mouvement vers le socialisme, de même les formes possibles de transition de la dictature de la bourgeoisie vers la dictature du prolétariat doivent être considérées par les marxistes comme un mouvement vers *la dictature du prolétariat, qui est une condition sine qua non, non seulement pour l'expropriation des exploiteurs, mais pour l'organisation ultérieure de l'implantation du socialisme, en passant par des formes économiques transitoires.* Et Kautsky anéantit complètement la dictature du prolétariat.

Mais revenons à notre thème principal.

La croissance des forces productives a donc amené chez nous l'hégémonie de la grosse industrie de l'Etat socialiste. Il faut considérer maintenant la façon dont s'effectue ce processus. Il est évident que la liaison entre les différentes formes économiques, en premier lieu la liaison entre l'industrie d'Etat et la petite économie paysanne, résulte de la circulation. Et en vérité, la circulation joue un rôle gigantesque d'intermédiaire entre les cycles de production. Il est connu que la circulation influe sensiblement sur la production et inversement. C'est pourquoi l'organisation de la circulation a acquis une importance primordiale chez nous. Ici se dessine le rôle nouveau et énorme de la coopération, *de la coopération agricole avant tout*.

Le problème principal pour le prolétariat victorieux, dans un pays comme le nôtre, est le problème de la *coordination économique entre l'industrie réunie et l'économie paysanne éparpillée*. C'est de la division de cette dernière que découle le caractère privé et industriel du travail des paysans. Du moment que cette coordination, cette liaison, se produit par l'intermédiaire du marché, par l'achat et la vente, par la circulation, où figurent simultanément les produits de l'industrie et les produits agricoles : blé, matières premières, etc..., il est évident que le caractère de toute l'évolution économique dépend principalement des formes de liaison dans ce domaine.

C'est ici justement que se montre la différence de principe qui existe entre le régime capitaliste et le régime de la dictature du prolétariat, où la grosse industrie, le transport, le crédit (banques), le commerce extérieur se trouvent entre les mains du prolétariat.

Si sous le régime capitaliste le développement de la coopération, qui est naturellement provoqué par les intérêts économiques privés du paysan, autant comme vendeurs que comme acheteurs et propriétaires ayant besoin de crédits, de même que comme épargnants, mène fatalement vers son évolution capitaliste, il n'en est pas de même du tout sous le régime de la discipline prolétarienne, car ici les principes qui commandent toute la vie économique du pays sont tout autres. Il est clair pour tout marxiste qu'il est absurde, qu'il est illogique de considérer l'agriculture et son développement indépendamment, en dehors du développement de la ville, de l'industrie, du crédit, des transports, de la science, etc... S'il en est ainsi, il est compréhensible qu'un changement des rapports de production en ville doit avoir sa répercussion sur le développement et le caractère de la campagne. Cela ne signifie naturellement pas qu'un tel développement s'effectuera sans heurts, sans contradictions, par une voie socialiste directe et unique. Mais cela signifie que, malgré toutes les divergences, les contradictions, les zigzags, la somme géométrique des parallélogrammes des forces ira vers le socialisme.

De quelle façon ?

Dans la littérature marxiste il a été maintes fois répété que, par exemple, lorsque la coopération de crédit se lie avec une banque capitaliste, il se forme alors une communauté d'intérêts entre elle et cette banque. Lorsqu'une coopérative marchande se lie, par un réseau compliqué et constant de relations mutuelles, avec des forts acheteurs en gros, elle tombe de la même façon sous une certaine dépendance envers eux. Il en est de même avec les opérations d'achat. Et du moment que ces organisations économiques décisives se trouvent entre les mains de capitalistes, il est inévitable que la coopération s'implante dans le système des rapports capitalistes. Si nous ajoutons encore à ce fait que le personnel des organisations coopératives est fourni également par la bourgeoisie et les propriétaires fonciers, le tableau devient encore plus complet. Il n'est pas difficile de s'imaginer maintenant qu'au point de vue formel, c'est-à-dire au point de vue de l'organisation matérielle, sociale et économique, il en est de même chez nous ; mais en fait, c'est-à-dire au point de vue matériel, il s'agit ici d'une tout autre caractéristique. Il se produit et il se produira chez nous également une « implantation », mais elle se produit dans les organisations économiques de l'Etat prolétarien, et non dans les organisations capitalistes ; c'est la fusion, non pas avec l'industrie capitaliste, mais avec l'industrie d'Etat de la classe ouvrière ; c'est une dépendance non pas des banques bourgeoises, mais une liaison basée sur le crédit et une communauté d'intérêts croissante avec les organes de crédit de l'Etat prolétarien. Celui qui ne voit que les rapports capitalistes, celui qui ne comprend pas tout le processus en entier, celui-là, comprend pas du tout le sens de notre révolution, ni les lignes principales de notre développement politique.

L'organisation de la paysannerie dans le processus de la circulation entraînera fatalement après lui le développement des formes collectives dans la production, en commençant par les branches de l'agriculture, qui sont le plus atteintes par l'industrialisation. La politique consciente de rapprochement entre la ville et la campagne, ceci est envisagé déjà maintenant dans l'établissement des plans de construction de nouvelles fabriques et d'usines, de mécanisation de l'agriculture, d'électrification politique menée par le pouvoir soviétique, soutiendra d'un autre côté très puissamment ces mêmes tendances. Par conséquent, le rôle organisateur de l'économie d'Etat devient de plus en plus décisif.

Tout ce processus s'effectue par l'intermédiaire et au moyen du marché. Il ira d'autant plus vite que le développement de notre industrie d'Etat sera plus rapide. A présent nous sommes en face du problème du rétablissement du capital fondamental, c'est-à-dire du problème d'une réelle « accumulation » socialiste. Les crédits de l'étranger sont absents. Mais nous pouvons aussi nous passer d'eux, Monsieur Kautsky ! Nous ne mourrons pas si messieurs les capitalistes étrangers ne désirent pas nous accorder des emprunts. C'est pourquoi nous devons accorder toute notre attention à l'accélération du trafic dans le pays. Un trafic accéléré et libéré signifie, naturellement, une croissance des rapports capitalistes. Mais au degré de développement que nous avons atteint, ceci n'est pas dangereux pour nous, car avec un trafic accéléré les formes économiques socialistes et les formes coopératives qui en dépendent directement se développeront *encore plus rapidement, et l'importance des formes socialistes croîtra sans cesse.* Par conséquent, les « concessions » faites au capitalisme, la « retraite » que nous effectuons sont en fait, dans les conditions actuelles, notre *offensive économique*, car nos forces économiques prennent de plus en plus le dessus.

Ce qui est plaisant, c'est que nos ennemis les plus avérés du camp bourgeois reconnaissent ce fait, quoique en grinçant des dents. Ainsi, dans l'éditorial tout particulièrement acerbe du journal économique anglais *Statist* (*The russian position*), nous lisons :

> L'espérance dernièrement réveillée que les leaders soviétiques auraient l'intention d'introduire des changements importants dans leur système économique ne s'est pas réalisée malheureusement ; il devient de plus en plus clair qu'ils... n'ont aucune intention sérieuse d'abandonner systématiquement leur grande expérience sociale, commencée en 1917. Il est vrai que l'évolution de la fameuse Nep a passé par quelques nouvelles étapes et que certains nouveaux accrocs au communisme pur furent encore faits. *Mais quoique cela puisse paraître paradoxal, ces changements ont eu pour but en réalité de provoquer finalement la permanence du système communiste.*

Des lapsus pareils sont naturellement excusables pour les écrivains du *Statist* (l'accroc au communisme pur, comme s'il avait existé chez nous). Mais il est tout de même utile de noter que ces ennemis déclarés comprennent mieux la situation que leurs agents social-démocrates.

Ainsi donc, tout le processus n'est que celui du développement du trafic, c'est-à-dire du marché, qui se surmonte lui-même. Le nœud de l'organisation de l'économie populaire est l'union et la centralisation toujours plus grandes de l'industrie d'Etat, soudée avec les banques, qui fournissent l'aliment financier. Autour de ce centre économique, d'une puissance énorme, est disposé tout un réseau d'organes commerciaux de l'Etat et de coopératives ; des fils innombrables partent de la coopération vers les exploitations individuelles des paysans. Avec un roulement accéléré de tout le capital économique populaire, l'économie d'Etat devient de plus en plus importante et l'économie rurale se transforme de plus en plus. Cette dernière entre de plus en plus dans la coopération, s'organise, se fusionne d'une façon toujours plus intensive en un grand ensemble organisé, à la tête duquel se tient le pouvoir de l'Etat prolétarien, qui, économiquement, s'appuie sur la grosse industrie, le crédit, le transport, le commerce extérieur, la nationalisation des terres.

Plus le développement des forces productives sera rapide, et il a toutes les chances de prendre l'allure américaine, plus grande sera la nationalisation, la planification, et moins grand sera le rôle spécifique du régime capitaliste. De même qu'à l'intérieur du régime capitaliste, de l' « économie nationale », il existe la tendance de surmonter le marché par le marché, pour autant que la concurrence se transforme en monopole, dans le régime de la dictature prolétarienne, l'organisation des petites exploitations rurales s'effectue par le marché, par le trafic, sous la direction économique de plus en plus organisée de l'Etat. Les éléments capitalistes privés battent en retraite et sont refoulés. L'économie rurale se transforme et est entraînée dans le système général. Si le développement des rapports capitalistes a pour limites le capitalisme d'Etat classique, la limite du développement est chez nous le socialisme.

Il va de soi que ce processus est celui d'un développement *contradictoire*. Ce serait une banalité théorique extrême de se figurer la chose de telle sorte qu'après la prise du pouvoir toutes les contradictions disparaissent. Ceci n'a jamais eu lieu et ne sera jamais. La question ne consiste pas à nier ces contradictions : elle consiste à les expliquer, à les mettre à leur place et à *saisir leur dynamique*.

Naturellement, on pourrait écrire toute une étude spéciale sur les contradictions de notre développement. C'est pourquoi nous ne pouvons en donner ici une analyse complète. Mais il faut pourtant éclairer cette question, tout au moins à grands traits, car c'est précisément sur ces contradictions que les spéculateurs politiques menchéviks spéculent le plus.

La principale et fondamentale contradiction de notre économie est celle qui existe entre l'économie de l'Etat, d'une part, l'économie privée et l'économie privée-capitaliste, d'autre part.

L'économie d'Etat a pour base sociale de classe le prolétariat ; l'économie capitaliste privée — la bourgeoisie. La lutte de classe du prolétariat et de la bourgeoisie prend chez nous la forme de lutte économique entre les entreprises d l'Etat et les entreprises privées. En outre, nous avons la possibilité d'un développement simultané de l'économie de l'Etat et de l'économie privée. L'économie capitaliste privée mène une lutte acharnée avec l'économie d'Etat pour l'influence sur l'exploitation rurale. Voici un côté des contradictions, le plus profond, le principal. Si l'on considère la question non en marxiste, c'est-à-dire au repos, à l'état immobile et non dans son mouvement, on peut foncer sans fin sur le marchand privé, pousser des soupirs et des cris, injurier, prédire les malheurs les plus terribles et prophétiser le krach du communisme. Mais il suffit de poser la question exactement pour voir la voie par laquelle cette contradiction fondamentale sera surmontée : une diminution relative du rôle de l'économie privée, même avec une croissance absolue, mais provisoire, montre clairement comment cette contradiction sera surmontée. Si le bloc de l'industrie ouvrière et de la coopération paysanne refoule le marchand privé et supprime par cela même les contradictions existantes entre l'économie d'Etat et l'économie capitaliste privée, le problème de l'établissement du socialisme se trouvera ainsi résolu. Mais cette solution suppose que de nombreuses autres contradictions auront déjà été résolues.

La plus importante, parmi elles, est la contradiction existante entre *l'industrie d'Etat et l'économie rurale, entre le prolétariat et la paysannerie*, qui sont opposés l'un à l'autre en tant qu'acheteurs et vendeurs. Mais, grâce à une politique juste de l'Etat, grâce à une orientation de l'industrie vers les bas prix, et non vers le bénéfice des monopoles, grâce au cours énergique pris pour l'amélioration de la production, et non pour la stagnation monopoliste, cette contradiction sera de plus en plus amoindrie, et la coopération paysanne, en se soudant avec les organes économiques de l'Etat, sera une base pour détruire cette contradiction. Ce sera naturellement un processus de longue durée. Il s'écoulera évidemment beaucoup de temps avant qu'il ne s'achève. Une lutte sourde aura lieu sans aucun doute pendant toute la durée de ce processus. Mais la ligne générale du développement est bien dirigée dans ce sens.

D'énormes conflits et des antagonismes existent même à *l'intérieur de la paysannerie*. Le koulak, le gros paysan, d'une part, le paysan pauvre, ou même le journalier, d'autre part, sont les deux extrêmes, les deux pôles du système social de classe. Comment sera surmontée cette contradiction ? Elle sera surmontée ainsi : le journalier élèvera le niveau de sa vie, en tant que partie intégrante de la classe ouvrière, le paysan pauvre organisera des économies collectives, utilisera un crédit meilleur marché, recevra des avantages et le soutien de l'Etat. Le crédit agricole jouera ici un rôle énorme. Donc la lutte de classe ne s'arrêtera pas. Elle pourra parfois devenir très aiguë. Seul, l'homme qui ne comprend rien ne voit pas que dans notre développement il y a la disparition progressive de cette contradiction.

Nous avons aussi différentes contradictions au sein de la classe ouvrière. Tous les ouvriers n'occupent pas les soi-disant postes de commandement. Le directeur rouge et le simple ouvrier, ce n'est pas la même chose, quoique l'un et l'autre appartiennent à une même classe et font une même chose. Si toute la classe ouvrière était absolument identique, il n'y aurait pas une telle division. On pourrait, à tour de rôle, accomplir le service de directeur. Mais cela n'est pas. D'autre part, une certaine différence de situation sociale crée des dangers, des tendances nuisibles. C'est une contradiction, également, qui sera surmontée avec le développement des forces productives, le développement culturel et l'amélioration du bien-être des masses. La lutte contre ces tendances dangereuses, contre le bureaucratisme et l'attention portée aux besoins des grandes masses, etc..., sont réalisées en pratique par notre parti. Seul, un homme naïf est incapable de comprendre que là un travail systématique est nécessaire durant des dizaines d'années. La vie réelle est excessivement compliquée et la ligne exacte à prendre est le résultat de rectifications mutuelles de la part des différents organes du mouvement ouvrier.

Donnons un seul exemple. Nos administrateurs et nos militants syndicaux ne font en somme qu'une seule et même chose : l'établissement du socialisme. Mais le centre de gravité du travail des administrateurs est dans l'amélioration de l'industrie, dans sa rationalisation Le centre de gravité des militants syndicaux est dans un souci constant des ouvriers, dans des rectifications au travail pratique des administrateurs. Ce n'est que par des rectifications mutuelles, en surmontant les frottements intérieurs, en éliminant les conflits et les antagonismes relatifs que s'effectue l'exacte et réelle politique prolétarienne.

La dictature du prolétariat est une condition pour surmonter progressivement toutes ces contradictions. Les contradictions de la société capitaliste se répètent constamment sur une base élargie, jusqu'à ce que cette société craque et saute dans le fracas de l'incendie révolutionnaire. Les contradictions de notre société, de la société de la dictature du prolétariat, se répètent sur une base de plus en plus étroite et s'éteindront définitivement dans le système du communisme universel. Celui qui, de ces contradictions, en déduit le krach du communisme, n'est qu'un poltron avec un trognon de chou à la place de la tête. Tels sont les menchéviks avec Kautsky. La puissance de la Société des Nations leur impose beaucoup, ils sont prêts à utiliser les contradictions de notre vie et de notre misère héritée du vieux temps et accrue par l'intervention, afin de rendre service, encore une fois, à leurs maîtres. Et nous, parti de la classe ouvrière, nous pouvons être fiers d'avoir aiguillé tout le développement social sur une nouvelle voie. Ce que nous n'avons pu atteindre aujourd'hui nous l'atteindrons demain ; ce que nous ne pouvons atteindre demain, nous l'atteindrons après-demain. Mais, écoutez bien, piètres valets du capital : Nous obtiendrons ce qui nous revient, nous accomplirons notre devoir avec la conscience du grand problème historique, du plus grand des problèmes qui nous incombe.

L'Union Soviétique et les gouvernements capitalistes. Kautsky au service des capitalistes étrangers

En dépit de tous les racontars des théoriciens social-démocrates, qui déclarent qu'une nouvelle ère s'ouvre pour le capitalisme mondial ; en dépit du nouvel Evangile de Hilferding, qui met au rancart la thèse du marxisme orthodoxe sur l'inéluctabilité des guerres en régime capitaliste ; en dépit de la glorification social-démocrate de la Société des Nations, de la démocratie américaine et de ses richesses, le monde court à des catastrophes formidables, car nous traversons une époque de guerres et de révolutions. Nous ne regrettons nullement de vivre à une période aussi orageuse. Les fondateurs du communisme scientifique, Marx et Engels, attendaient avec joie le moment où la guerre universelle serait suivie du bouleversement révolutionnaire. Combien cette idéologie est loin de celle de Kautsky dont la principale devise est « Tranquillité et stabilité » (*Ruhe und Stetigkeit*). Tranquillité pour le capitalisme ! Stabilité des rapports capitalistes (car Kautsky ne désire évidemment pas la stabilité du régime soviétiste, et, dans les autres Etats, la pensée social-démocrate n'a même pas encore découvert le socialisme) ! On chercherait vainement chez Marx ou Engels de tels appels, un tel langage. En effet, un révolutionnaire ne saurait approuver le régime capitaliste existant ; sa tâche est de le renverser et non de lui souhaiter santé, stabilité et tranquillité.

Il est temps enfin de cesser de considérer, ne serait-ce que conventionnellement, les chefs social-démocrates comme des révolutionnaires. Ce sont, au contraire, les types achevés de contre-révolutionnaires, des gardiens fidèles de l'ordre existant. Quand on a compris cela, on comprend toute la logique de leurs arguments. En effet, si leur tâche fondamentale consiste à sauvegarder la « tranquillité » et la « stabilité » du capitalisme, c'est-à-dire à être ses chiens de garde, ils doivent aboyer et se jeter sur tous ceux qui osent s'élever contre ce régime, ou même simplement lui causer des désagréments et des embarras. Du point de vue de la « tranquillité » et de la « stabilité », il faut lutter contre l'Union Soviétique, car le fait même de son existence est désagréable au capital, trouble fortement sa tranquillité et compromet sa stabilité. De ce point de vue, il faut combattre résolument le communisme, car c'est la principale force de la révolution. De ce point de vue, il faut combattre le soi-disant « nationalisme asiatique », c'est-à-dire les mouvements révolutionnaires de libération nationale dans les colonies et les demi-colonies. De ce point de vue, il faut soutenir tous les ennemis intérieurs et extérieurs de l'Union Soviétique, saper du dedans et du dehors le régime de la dictature prolétarienne, car ce régime est une source de trouble et d'instabilité pour le monde capitaliste. Brièvement parlant, de ce point de vue il faut soutenir par tous les moyens la contre-révolution bourgeoise. C'est ce que fait Kautsky qui a recours aux mêmes arguments « scientifiques » et aux mêmes mots d'ordre que la presse bourgeoise.

Dans le *Manifeste Communiste*, Marx écrivait :

Un spectre hante l'Europe, le spectre du communisme. Toutes les puissances de la vieille Europe se sont unies en une Sainte-Alliance pour traquer ce spectre : le pape et le tsar, Metternich et Guizot, les radicaux de France et les policiers d'Allemagne.

De cette liste des puissances de la vieille Europe, il faut rayer maintenant quelques noms, et en premier lieu celui du tsar russe. Mais, d'un autre côté, cette liste peut être considérablement allongée. Au pape, aux radicaux et aux policiers, il faut maintenant ajouter les chefs social-démocrates. Combien peu d'originalité ils manifestent dans leurs théories et leurs actes, on pourrait le montrer par une série d'exemples.

Ainsi, le *Manchester Guardian Weekly* fait part de l'entrevue du pape avec Chamberlain. Les deux interlocuteurs traitent de la question du bolchévisme. A ce sujet, le pape dit nettement, à la manière de Kautsky :

Nous considérons de notre devoir d'exhorter tous les hommes, particulièrement les détenteurs du pouvoir, qui ont l'amour de la paix, le respect de la famille et de la dignité humaine, à faire tous leurs efforts pour lutter contre les dangers et les injustices considérables qui viennent du socialisme et du communisme.

Kautsky, lui aussi, déclare que le communisme trouble la paix ; il dit également que le communisme ne respecte pas la famille (il a écrit que les bolchéviks « socialisaient » les femmes et a même apporté comme preuve de son affirmation un faux document) ; au sujet de la dignité humaine, des dangers et des injustices du communisme, il a écrit des monceaux d'articles. Cette coïncidence n'est-elle pas significative ?

Dans un ouvrage « philosophique » spécial, le réactionnaire russe avéré, Berdiaev (lui aussi, ancien marxiste), parlant de l'expérience de notre révolution, écrit :

La révolution sociale ne peut pas ne pas rappeler le pillage et le brigandage.

Donner des preuves que toute la presse bourgeoise adopte ce point de vue serait superflu. Et si maintenant la « stabilité » de l'ordre capitaliste est particulièrement menacée par les insurrections asiatiques, Kautsky se hâte de justifier les salves de mitrailleuses que tirent contre les ouvriers chinois les impérialistes anglais épouvantés. Comme on le sait, toute la presse, particulièrement celle des conservateurs, s'efforce de représenter le grand mouvement du peuple chinois comme un simple complot des « agents de Moscou ». Par là, on poursuit deux buts : on cherche à justifier les fusillades en Orient et on prépare l'intervention militaire et financière contre l'U. R. S. S. Que fait Kautsky pendant ce temps ? Dressé sur ses pattes de derrière, il hurle :

Ce n'est là (l'insuccès des emprunts) qu'une raison de plus qui incitera les joueurs aventureux de Moscou à travailler à de nouvelles émeutes dans l'espoir d'obtenir par le pillage ce qu'ils ne peuvent recevoir par les emprunts.

Dans tous les Etats de l'Orient, ils cherchent maintenant à allumer l'incendie pour embraser le monde entier et le dépouiller au moment favorable.

Peut-être, penserez-vous, Kautsky essaye-t-il d'analyser le mouvement d'Orient, de le relier à l'impérialisme des puissances capitalistes, de découvrir ses racines de classes, de l'apprécier en tant que facteur essentiel de l'histoire mondiale ? Pas du tout. Kautsky recourt à de tous autres arguments « scientifiques ». Après avoir montré que la révolution chinoise est le fruit de l'action spoliatrice des « joueurs » de Moscou, il souffle aux puissances impérialistes ce qu'elles doivent faire pour s'affranchir des troubles qui menacent leur stabilité.

Cette politique incendiaire (c'est-à-dire la politique des bolchéviks) n'est pas non plus sans danger pour eux. Elle peut, un beau jour, entraîner la Russie dans la guerre dans les circonstances les plus défavorables.

Il faudrait être un naïf doublé d'un imbécile pour ne pas comprendre que Kautsky excite directement les Etats impérialistes contre l'Union Soviétique. Il déclare, il est vrai, qu'il est contre l'intervention armée. Mais ce n'est là qu'une échappatoire. Qui serait assez sot pour le croire ? Kautsky, en effet, a démontré que nous avions en Russie le régime le plus sanglant et le plus cruel, qu'il fallait le renverser par la violence, que partout notre seule occupation était le pillage, que nous étions les principaux fauteurs des troubles d'Orient et que nous travaillions uniquement pour assouvir nos instincts de spoliation. Et après il vient nous dire que toutes ces manœuvres ne resteront pas impunies en cas de guerre. Or cela, il le dit précisément au moment où on prépare la guerre contre nous. Et après, il nous déclare hypocritement qu'il est contre l'intervention armée, alors qu'il a développé tous les arguments possibles en faveur de cette intervention et qu'il s'est exprimé comme n'oserait pas le faire un bourgeois.

Non, citoyen, il n'est pas aussi facile maintenant de tromper les ouvriers qu'en 1914.

Kautsky désire ardemment la guerre contre l'U. R. S. S. : c'est ce que démontre son argumentation.

La défaite militaire peut parfaitement provoquer la combinaison des insurrections locales, urbaines et rurales, en une insurrection générale et susciter une vague formidable qui balaiera le bolchévisme avec tous ses instruments de domination...

Que doivent donc faire, dans ce cas, les socialistes de Russie ?... Il serait horrible que, sous prétexte qu'elle récuse le soulèvement armé préparé contre le bolchévisme, notre Internationale condamnât à l'avance toute insurrection comme un acte contre-révolutionnaire et interdît à ses membres de participer à une telle insurrection. Il ne saurait être question pour les social-démocrates d'essayer de sauver le régime bolchéviste. La neutralité, en cas d'insurrection générale de la masse populaire, serait un suicide politique.

Nous savons évidemment ce que signifie, dans la langue des contre-révolutionnaires, l'expression « insurrection de la masse ». Chaque ouvrier ou paysan russe sait parfaitement que le peuple se battra pour le pouvoir soviétiste. Mais Kautsky nous apprend qu'il ne saurait être question, pour les menchéviks, de venir en aide au pouvoir soviétiste. Bien au contraire, les social-démocrates, selon Kautsky, doivent participer à l'insurrection contre le régime soviétiste.

Nous reviendrons là-dessus. Ce qui nous intéresse maintenant, c'est la stratégie du contre-révolutionnaire Kautsky. D'ailleurs, après les citations que nous venons de donner, il n'est pas difficile de s'en faire une idée.

Kautsky dit à la bourgeoisie internationale : « *Profitez de la révolution chinoise et entraînez la Russie dans la guerre. Et alors nous, social-démocrates, nous frapperons le pouvoir soviétiste à l'intérieur de la Russie.* »

Pour apprécier toute l'infamie de ces appels, il faut se souvenir de ce que disait Kautsky pendant la guerre impérialiste, sous la domination de Guillaume II, sous la dictature du poing de fer prussien. Lorsqu'on fit appel, à cette époque, à la résistance révolutionnaire, Kautsky répondit que l'Internationale était un instrument de paix ; que, pendant la guerre, elle n'avait rien à faire ; que, par suite, il fallait se tenir tranquille et ne pas broncher. Or maintenant Kautsky spécule sur la guerre à laquelle il lie sa politique insurrectionnelle, oubliant complètement que son Internationale est un instrument de paix.

Qu'est-ce à dire ?

Que, selon Kautsky, on ne doit pas lutter contre la bourgeoisie, mais qu'on peut lutter contre la dictature du prolétariat ; qu'on ne doit pas empêcher la guerre impérialiste de l'Allemagne de Guillaume II, mais qu'il faut tomber sur les derrières du pouvoir soviétiste quand il se défend contre les impérialismes ; qu'on ne doit pas se soulever contre le capital, mais qu'il faut s'insurger contre les Soviets. N'est-ce point là le comble de la perfidie ? N'est-ce pas là une aide armée active aux interventionnistes étrangers ? Et après cela, on viendra nous dire que nous exagérons, que les social-démocrates, eux aussi, sont des socialistes, etc. ! Certes, il y a d'honnêtes ouvriers social-démocrates qui s'égarent de bonne foi. Mais les chefs de l'espèce de Kautsky ne sont que des émissaires et des apôtres de l'impérialisme sanglant. C'est ce qui apparaît maintenant plus clairement que jamais.

Quelle n'était pas la fureur des social-patriotes quand, pendant la guerre impérialiste, les bolchéviks déclaraient que chaque socialiste devait souhaiter la défaite de son propre gouvernement impérialiste. Or, maintenant, Kautsky, non seulement appelle sur nous l'intervention et spécule sur la guerre, mais s'oriente directement sur la défaitte militaire de l'Union soviétique ! Est-il possible de pousser plus loin la complaisance envers la bourgeoisie ?

Mais ce qui est le plus intéressant, c'est que Kautsky, dans un passage, reconnaît ouvertement lui-même qu'il est un contre-révolutionnaire. Nous venons de voir que, d'après lui, la révolution mondiale n'est pour les bolchéviks qu'un moyen de piller les Etats plus riches. Mais voilà que, à la page 24 de sa brochure, Kautsky, analysant la « duplicité » de notre politique (recherche des emprunts, d'une part, et révolution mondiale, de l'autre), écrit ce qui suit sur les rapports pacifiques avec les Etats capitalistes :

Ce but exclut le travail en vue de la révolution mondiale ; néanmoins, dans la politique de la Russie, le dernier but n'est pas relégué au second rang par rapport au premier. Tout d'abord, dans un organisme révolutionnaire aussi jeune que le gouvernement soviétiste, la tradition joue un grand rôle ; ensuite, l'espoir toujours vivace en l'avènement prochain de la révolution mondiale permet d'attirer des quantités considérables d'ouvriers étrangers sous le drapeau du communisme. La Russie soviétiste perdra une grande partie de son influence à l'étranger au moment où, aux yeux du prolétariat international, elle renoncera à la révolution mondiale.

Le renégat Kautsky croit nous porter ainsi un coup. Il ne voit pas qu'il renie son propre passé. En effet, que dit-il ?

Que le gouvernement soviétiste est un organisme révolutionnaire. Notons-le bien, il ne s'agit pas du gouvernement soviétiste de 1917-1920, mais du gouvernement soviétiste qui mène des pourparlers au sujet des emprunts, c'est-à-dire du gouvernement soviétiste actuel. Or, Kautsky laisse échapper l'aveu que ce gouvernement est révolutionnaire.

Continuons. Kautsky, on s'en souvient, a déclaré que les gouvernements les plus contre-révolutionnaires comme ceux de Horthy et de Mussolini valaient beaucoup mieux que la tyrannie de Moscou.

Ainsi donc :

Le gouvernement de Moscou est pire que le gouvernement Horthy.

Le gouvernement Horthy est contre-révolutionnaire.

Le gouvernement de Moscou est un « jeune organisme révolutionnaire ».

Conclusion : *la contre-révolution est meilleure que la révolution.*

Voilà ce qui découle de l'analyse exacte des propositions de Kautsky.

Kautsky exhorte les impérialistes à faire la guerre au « jeune organisme révolutionnaire ». Il promet de lui plonger le poignard dans le dos dès les premières défaites extérieures. Voilà ce dont il faut bien se souvenir. Voilà ce qu'il ne faut jamais oublier.

La Russie soviétiste, constate Kautsky, perdra son influence parmi les masses ouvrières, si elle renonce à ses aspirations à la révolution mondiale.

Kautsky se démasque une fois de plus. Selon lui, il est extrêmement mauvais que la Russie soviétiste soit, aux yeux des ouvriers de tous les pays, le symbole de la révolution mondiale.

Evidemment, cela trouble la tranquillité et compromet la stabilité du régime capitaliste ! Cela empêche les philistins et leurs savants théoriciens de dormir !

Maintenant, on comprend pourquoi il faut représenter la révolution mondiale comme un pillage mondial. Pour assurer la tranquillité et la stabilité des capitalistes, il faut détourner les ouvriers étrangers de la révolution. Et Kautsky s'y emploie de tout son pouvoir. Mangez le pain de la bourgeoisie, honorable Monsieur Kautsky ! Vous l'avez bien mérité...

Kautsky s'imagine être très spirituel quand il « démasque » nos aspirations à la révolution mondiale, d'une part, et notre désir de relations commerciales normales, de l'autre. Après avoir déclaré que les communistes peuvent toujours se faufiler illégalement par les frontières et « donner aux communistes étrangers des indications, des mots d'ordre et surtout de l'argent », Kautsky écrit :

D'autre part, les bolchéviks ont dû remarquer que la cote de la révolution mondiale ne faisait que baisser et qu'ils tombaient toujours plus bas. Ils ont vu que les masses ouvrières de l'étranger étaient de plus en plus unanimes à réprouver leurs méthodes..., que, par contre, les capitalistes étrangers étaient loin de se montrer intraitables si on leur faisait entrevoir la perspective de bonnes petites affaires et de profits sûrs. C'est ainsi que, parallèlement au but de la révolution mondiale, un autre but a surgi : celui de l'instauration de rapports pacifiques avec les puissances capitalistes, de la reconnaissance de jure de l'Etat soviétiste par ces puissances et du commerce libre avec elles.

Kautsky croit ainsi nous décocher une flèche empoisonnée. Mais si l'on prend la peine d'examiner tant soit peu sa pensée, on voit qu'il n'est tout simplement qu'un charlatan.

En effet, que propose-t-il ? Que nous ne désirions pas l'instauration de rapports pacifiques ? Que nous déclarions la guerre à tout l'univers capitaliste

Mais, tout d'abord, il est évident que ce serait de la stupidité pure.

En second lieu, Kautsky, dans ce cas, crierait encore davantage au « pillage mondial ».

Ou peut-être devrions-nous renoncer à nos aspirations à la révolution mondiale ? Aux aspirations qui, selon Kautsky, sont la base de notre autorité ? Faut-il cesser d'être un « jeune organisme révolutionnaire » ? Faut-il trahir même l'idée de la révolution mondiale ? Est-ce là ce que nous conseille le vieux renégat ?

Nous n'y consentirons pas. Mais il serait amusant d'entendre Kautsky nous faire lui-même ouvertement une telle proposition.

Comme le verra le lecteur, Kautsky, dans ses raisonnements, soutient directement la cause de la bourgeoisie internationale.

La bourgeoisie marchande avec nous et nous demande le maximum. Elle nous dit : Si vous voulez faire du commerce avec nous, laissez là vos aspirations à la révolution.

Nous lui répondons : Nous voulons faire du commerce avec vous, nous ne nous immiscerons pas dans vos affaires, mais nous n'abandonnerons pas nos aspirations mondiales.

Que fait Kautsky ? Dans la discussion qui s'élève entre les capitalistes et nous, il est entièrement du côté du capitalisme contre nous, il soutient en fait les revendications de ces derniers.

Mais peut-être est-il impossible qu'un Etat prolétarien puisse exister et commercer avec des Etats capitalistes sans trahir la révolution mondiale ?

Il n'est pas difficile de répondre à cette question. Le développement de la révolution mondiale est extrêmement inégal. On ne saurait supposer que la révolution remporte la victoire du premier coup et simultanément dans tous les pays. C'est pourquoi il y a nécessairement une période transitoire pendant laquelle coexistent des Etats prolétariens et des Etats capitalistes. Or, il est évident que cette période historique se distingue fatalement par des contradictions.

Fait caractéristique, Kautsky, ici, a complètement oublié les reproches qu'il adressait jadis aux bolchéviks. On se souvient qu'il nous accusait autrefois de ne pas comprendre la nécessité des stades. Et maintenant, voilà que sans s'émouvoir il nous sert des arguments diamétralement opposés. Ah ! dialecticien de malheur !

Mais Kautsky va encore plus loin dans la délation. En ce moment, toute la bourgeoisie identifie l'Internationale Communiste et le gouvernement soviétiste. Elle a besoin de cette assimilation pour lutter contre l'U. R. S. S. et pour représenter les ouvriers communistes comme des agents des « despotes moscovites ». Que fait Kautsky ? Il soutient entièrement cette version.

Les bolchéviks, écrit-il, pensent pouvoir continuer leur politique double en créant des institutions différentes pour sa partie prolétarienne et sa partie capitaliste. L'I.C. travaille à la révolution mondiale et prêche le renversement de tous les gouvernements. La diplomatie soviétiste, au contraire, s'efforce de gagner la confiance de ces mêmes gouvernements...

Mais à présent nul n'ignore que ce sont les mêmes individus qui commandent à la IIIe Internationale et à la diplomatie soviétiste... Maintenant, la conséquence de cet état de choses est que personne ne croit plus au gouvernement russe

Bravo, Monsieur Kautsky ! Vous vous associez à la revendication des pires impérialistes qui demandent que l'I. C. soit expulsée de l'U. R. S. S., et vous le faites parce que cela est nécessaire à Messieurs les capitalistes. Que l'on ajoute à ces déclarations celles qui concernent la «somme d'argent de l'Etat », on aura alors une idée complète du dossier policier qui s'appelle le mémorandum de Karl Kautsky à la IIe Internationale.

Il est inutile d'analyser en détail la question du gouvernement soviétiste. Kautsky ne comprend-il par exemple que la République des Ebert-Hindenburg peut signer un traité commercial avec l'Italie sans que cela veuille dire qu'elle se solidarise avec le parti fasciste ? Est-il possible que Kautsky ne comprenne pas que le gouvernement anglais est une chose et que, par exemple, la *Ligue Internationale pour la lutte contre le bolchévisme* en est une autre ? Ne comprend-il pas qu'il y a une différence de même genre entre le gouvernement du prolétariat de l'U. R. S. S. et l'organisation internationale des ouvriers communistes ?

Chacun comprend cette différence. Mais quand toute la presse bourgeoise hurle contre nous, Kautsky ne peut pas ne pas faire chorus.

Mais ne croyez pas que Kautsky se borne à spéculer plus ou moins ouvertement sur la guerre. Il a des moyens plus solides pour nous amener à résipiscence. Il envisage une *pression financière*.

Que l'on veuille bien examiner attentivement ce raisonnement stupéfiant de Kautsky :

La Russie soviétiste ne peut actuellement continuer son œuvre économique sans de forts emprunts à l'étranger...
Fournir à la Russie soviétiste des emprunts sans conditions aucunes, ce serait donner à ses tyrans de nouveaux moyens pour opprimer les masses populaires sur lesquelles ils règnent et qu'ils ne peuvent maintenir sous leur joug que par la violence. D'autre part, refuser absolument tout emprunt à la Russie, c'est laisser échapper un puissant moyen de pression qui permettrait peut-être d'obtenir des maîtres de Moscou des concessions sous le rapport de la démocratie.

Il ne faut pas refuser les emprunts, mais les accorder uniquement à la condition que les bolchéviks adouciront leur joug...

Toute condition de ce genre peut se justifier également par les intérêts des créanciers eux-mêmes, de sorte que les bolchéviks ne pourront repousser ces conditions comme une immixtion suspecte de l'étranger dans leurs affaires intérieures...

L'obtention de concessions démocratiques, quelque étrange que cela puisse paraître, correspond aux intérêts non seulement du prolétariat russe, mais aussi des capitalistes étrangers, qui veulent expédier de l'argent en Russie soit au moyen d'emprunt, soit par l'achat de concessions.

Il y a déjà longtemps que les capitalistes étrangers ont renoncé aux revendications impudentes par lesquelles ils réclamaient une modification de notre régime politique. Pour obtenir cette modification, ils ont lutté l'arme à la main. Mais les ouvriers et les paysans leur ont montré comment ils savaient défendre leur régime contre les agressions du capital étranger et des gardes-blancs russes. Les capitalistes étrangers ont essayé ensuite de poser les mêmes revendications comme condition préliminaire des transactions commerciales. Mais ce temps est passé.

Maintenant que l'atmosphère se charge, M. Karl Kautsky ose soulever de nouveau ces revendications.

On se sent des haut-le-cœur devant une telle attitude. Ce sont les capitalistes, et non pas Kautsky, qui disposent des emprunts, c'est-à-dire de l'argent. Ce sont les capitalistes, et non pas Kautsky, qui peuvent exercer sur nous une pression au moyen de l'argent. Croyez-vous que cela émeuve Kautsky ? Nullement ! Il argumente dans « l'intérêt des créanciers ».

Particulièrement cynique est le raisonnement de Kautsky déclarant que la pression qu'il recommande n'est pas une immixtion dans les affaires intérieures de la Russie, parce qu'elle « se justifie également par les intérêts des créanciers eux-mêmes ». Est-ce que, par hasard, l'intervention ne pourrait pas se justifier aussi par les intérêts des interventionnistes ? Ou bien Kautsky aurait-il découvert une nouvelle forme d'intervention platonique ? Quels imbéciles espère-t-il duper ?

Pourtant, il faut dire à son honneur qu'il sent lui-même la faiblesse de sa position. C'est pourquoi il trouve soudain une issue en déclarant que les intérêts des capitalistes étrangers sont identiques à ceux de nos ouvriers dans la question la plus importante, dans la question du pouvoir politique.

Ouvriers, remerciez M. Kautsky de sa merveilleuse découverte.

Ainsi parlaient jadis les généraux Ironside, Youdénitch et Koltchak, qui torturaient notre pays. Ainsi parle maintenant Karl Kautsky, chef de la IIe Internationale.

Propagande odieuse contre l'U. R. S. S., pression financière, guerre, insurrection, voilà le programme de Kautsky, qui accomplit scrupuleusement les ordres de la bourgeoisie internationale. Et si les espions internationaux, et en premier lieu les espions anglais, élisent toujours comme centre de leurs opérations la Géorgie (car là les capitalistes sont plus près du naphte et les Anglais peuvent plus facilement opérer avec leur flotte), Kautsky également a prévu ce détail :

> En Géorgie, dit-il, il n'y a jamais eu de danger que l'insurrection contre la domination bolchéviste puisse, en cas de réussite, servir la réaction. Toute insurrection dans ce pays doit servir à la conquête de l'indépendance nationale à l'égard de tout régime russe.

Voilà le dernier conseil que donne à la bourgeoisie internationale son fidèle agent. Au moment où une nouvelle vague contre-révolutionnaire s'élève, où les écrivains bourgeois modérés eux-mêmes suivent avec inquiétude l'organisation de la Sainte-Alliance contre le jeune pays révolutionnaire, Kautsky se fait le conseiller des banquiers, des policiers, des généraux, des comploteurs, des fascistes, des émigrés. Il est véritablement l'apôtre de la bourgeoisie internationale.

Kautsky au service de la contre-révolution intérieure

Nous avons vu plus haut comment Kautsky, invitant les impérialistes à la guerre contre l'U. R. S. S. et spéculant sur la défaite militaire des Républiques soviétistes, promettait de nous frapper par derrière, c'est-à-dire de venir en aide par des soulèvements intérieurs à l'offensive impérialiste. Pour dissimuler aux ouvriers le sens de son incroyable attitude, Kautsky se lance dans des raisonnements sur l'impossibilité de la réaction en Russie.

Il affirme tout d'abord qu'au début du régime bolchéviste, l'insurrection contre le pouvoir soviétiste, qui avait pour lui des couches considérables d'ouvriers et de paysans, pouvait déjà se justifier ; pourtant, elle était alors inopportune, car il était à craindre qu'elle ne fît le jeu de la réaction, qu'on en rejetât la faute sur les menchéviks et les s.-r., que le socialisme fût ainsi discrédité et le prestige du bolchévisme accru. (Kautsky oublie qu'en réalité il en a été ainsi.) Mais maintenant :

> Il n'y a plus de danger qu'une insurrection socialiste contre le bolchévisme fasse le jeu de la réaction en Russie. Et cela pour la simple raison que les bolchéviks, en matière de réaction, ont déjà fait tout ce qu'il était possible de faire. La seule conquête de la révolution à laquelle le gouvernement de Moscou n'ait pas attenté, la destruction de la grande propriété foncière, ne sera jamais enlevée au peuple russe par aucun autre gouvernement, si réactionnaire qu'il soit. De même les Bourbons, à leur retour en France, après la chute de Napoléon, ne purent rendre à la noblesse et au clergé les biens qui leur avaient été confisqués.
>
> C'est pourquoi nous n'avons pas à craindre qu'une insurrection armée en Russie concoure au succès de la réaction. Au contraire, il est de plus en plus probable qu'une telle insurrection, en cas de réussite, augmentera la liberté en Russie, ne touchera pas à une seule des modestes conquêtes révolutionnaires qui subsistent en-

core, en fera surgir une série de nouvelles et sera au plus haut point utile aux masses populaires et au prolétariat.

Mais ce n'est pas pour cela seulement qu'on peut soulever l'insurrection. On peut la soulever encore, selon Kautsky, parce que

tout gouvernement qui prendrait la place du gouvernement soviétiste serait... plus faible que ce dernier, car il aurait moins d'unité, il serait aux prises avec des intérêts contradictoires plus nombreux que ceux qui surgissent devant la petite coterie des maîtres actuels de Moscou.

Kautsky, nous l'avons vu, relie l'insurrection à la guerre. C'est pourquoi il devrait y rattacher la question de la réaction. Mais il se dérobe, car il sent que c'est là un de ses points les plus faibles. Examinons sans parti pris la situation que présupposent les prémisses de l'auteur.

C'est la guerre. Le gouvernement soviétiste subit des défaites. Des soulèvements éclatent à l'intérieur du pays. Les menchéviks et les s.-r. les soutiennent. Qui ne comprendrait que, dans ces conditions, la guerre des impérialistes se transformera immédiatement en intervention dans toutes les affaires intérieures ? L'intervention de 1918-1920 a montré comment les Alliés se conduisaient sur le territoire occupé, dont ils faisaient leur colonie et où ils fusillaient et pendaient les ouvriers et les paysans.

Kautsky a-t-il songé à cette question ? Quelle garantie a-t-il contre une telle réaction ? On n'en sait rien, car là-dessus il ne souffle mot.

Mais si l'on se souvient que Kautsky est l'agent de la bourgeoisie internationale, il n'est pas difficile de comprendre de quoi il retourne.

Comme nous l'avons vu, Kautsky vient d'exposer la « brillante » perspective d'un gouvernement faible déchiré par des contradictions. Or, ce gouvernement faible a, à ses côtés, la puissante armée de l'impérialisme étranger.

Maintenant, on devine de quoi il s'agit. Il s'agit tout simplement de la réalisation du programme des rapaces impérialistes. Il faut, pour les impérialistes :

a) Renverser le « jeune organisme révolutionnaire » ;

b) Occuper une certaine partie du territoire de la Russie ;

c) Avoir à leur service un gouvernement faible ;

d) Faire de ce gouvernement leur vassal.

Kautsky a, par inadvertance, dévoilé son secret. Au moment précis où l'on mène une campagne contre l'U. R. S. S., où la bourgeoisie allemande vend sa patrie au capital de l'Entente, où elle commence à s'orienter sur l'Occident et est obligée de ramper devant l'Entente et l'Amérique et de manifester son hostilité pour l'U. R. S. S., Kautsky propose une insurrection contre la Russie avec un programme comportant le remplacement du gouvernement soviétiste fort par un gouvernement faible en proie à des divisions intestines et contraint de s'aplatir devant l'Entente, par un gouvernement semi-colonial, dans le genre de ceux qui existaient auprès des armées de Boulak-Balakhovitch ou du général Ironside. Le « grand plan » de quelques-uns des cercles les plus influents de la bourgeoisie internationale consiste précisément à asservir notre pays. Le problème des marchés revêt de nouveau une acuité extrême pour la bourgeoisie américaine, anglaise et même allemande. La « tranquillité » et la « stabilité » du régime capitaliste se heurtent à l'existence de l'U. R. S. S., qui se fortifie de mois en mois. Le gouvernement de l'U. R. S. S. se consolide de plus en plus ; il est fort et uni. Que faire en l'occurrence ? Kautsky ne dissimule plus, il met les point sur les i, il fait entrevoir la perspective d'un gouvernement faible en Russie. Voilà ce dont tous les travailleurs doivent bien se souvenir.

Ainsi donc, dans la question de la connexion entre la réaction internationale et la réaction intérieure, Kautsky se démasque complètement.

Passons maintenant à la question de la réaction à l'intérieur. Sur ce point, on l'a vu, le principal argument de Kautsky est que nous, bolchéviks, nous avons atteint les limites de la réaction. Quoi qu'il arrive, la situation ne peut être pire, telle est la thèse de notre homme. Le marxiste habitué à une analyse de classe précise, à une étude approfondie des combinaisons de forces sociales, s'étonne que Kautsky ne se soit pas donné la peine de faire une semblable analyse ou une semblable étude et qu'il se soit borné à ressasser les clichés de la presse à grand tirage. Cette attitude de Kautsky est tellement répugnante que Dan et Milioukov eux-mêmes ont dû la critiquer. Dans le *Courrier Socialiste*, F. Dan écrit :

> Comme l'a indiqué Milioukov, il ressort de l'argumentation de Kautsky que la restauration de la monarchie des Romanov ne serait pas un très grand malheur si elle succédait au despotisme bolchéviste. Cette déduction est d'autant plus légitime que Kautsky lui-même se réfère à la restauration des Bourbons... Pourtant, Kautsky ne songe pas à nier que, même du point de vue de la bourgeoisie, la restauration des Bourbons a été une réaction, de même qu'il ne doute pas que, du point de vue du prolétariat, Thermidor a été et reste une contre-révolution, quoiqu'il ait délivré la France de la tyrannie de Robespierre.

A quel degré d'abaissement faut-il que les socialistes soient tombés pour permettre que, dans leurs milieux, on argumente en faveur de la monarchie des Romanov, pour considérer comme leurs chefs des hommes politiquement beaucoup plus à droite que le cadet Milioukov, l'un des piliers de la contre-révolution russe. En effet, de quoi Dan accuse-t-il Kautsky ? De se laisser aveugler par sa haine du bolchévisme au point d'être prêt à passer un compromis avec la monarchie des Romanov. Pourtant, Dan continue à s'enthousiasmer pour l'ouvrage de Kautsky et se dérobe peureusement aux conclusions que serait obligé de faire tout homme politique honnête. En émettant la thèse que le gouvernement soviétique a déjà atteint les limites de la réaction Kautsky, non seulement ne donne aucune analyse de classe, mais oublie complètement qu'il a défini ce gouvernement comme un « jeune organisme révolutionnaire ». Il se permet de modifier ses caractéristiques essentielles dans l'intervalle de quelques pages. Cela ne s'appelle-t-il pas piper les cartes ?

Jadis, même parmi les social-démocrates menchévistes, on eût considéré comme une inconvenance de parler de la « libération de la France de la tyrannie de Robespierre ». Mais nous avons changé tout cela et Dan n'a pas honte d'employer le langage de la contre-révolution. Quant à Kautsky, il prend ouvertement la défense des Bourbons contre la « tyrannie de R[illegible]e-pierre » et celle des Romanov contre le « despotisme des bolchéviks ». Bientôt, vraisemblablement, après la lettre de Hindenburg à Scheidemann, nous aurons le plaisir de lire une autre lettre adressée par le grand-duc Nicolas ou l' « empereur de toutes les Russies », Cyrille Vladimirovitch, à Kautsky, pour le remercier de son activité « socialiste » en faveur des Romanov.

Répliquant à Kautsky, Dan écrit :

> Certes, du point de vue historique, toute contre-révolution avec les souffrances qu'elle apporte, la perspective de nouvelles guerres et révolutions, peut être justifiée après coup comme une forme inévitable du progrès, comme la seule issue possible de l'impasse où se trouve acculée toute révolution dépassant ses limites historiques réelles. Peut-être, l'histoire ne pouvait-elle résoudre les contradictions de la révolution de 1848 que par les tueries de Cavaignac, de même qu'elle ne pouvait résoudre les contradictions de la Commune autrement que par la victoire de Thiers. Mais cette déduction historique faite après coup ne saurait en aucun cas servir de directive à un parti politique luttant dans l'intérêt de sa classe pour une autre solution moins onéreuse de la difficulté.

Que dit en somme ici M. Dan ? Que la révolution bolchéviste est allée trop loin dans la voie révolutionnaire et que Kautsky propose aux Cavaignac et aux Thiers actuels de la juguler pour cette « erreur », ce qui, néanmoins, ne convient pas à un parti politique comme le parti menchévik. Certes, Dan fait ensuite toute sorte de réserves, donne des explications embrouillées, adresse des éloges hypocrites à Kautsky ; n'empêche qu'il a reconnu que Kautsky, logiquement, adopte la position des Cavaignac et des Thiers. Après cela, il ne nous reste plus qu'à féliciter le vénérable « père » de la théorie social-démocrate.

Kautsky, comme il l'a maintes fois démontré, est extrêmement courageux. C'est pourquoi il invite tout le ban et l'arrière-ban de la IIe Internationale à « acquérir une influence décisive dans l'insurrection et à ne pas la saboter ». D'autre part, il recommande de ne pas se laisser aller à la crainte devant les officiers réactionnaires :

Il ne faut pas se laisser hypnotiser par le spectre des officiers blancs et croire que ces derniers deviendront fatalement les chefs de toute insurrection dirigée contre le bolchévisme. Le paysan russe a passé par l'école de la révolution. Il s'agrippe solidement à son lopin de terre, n'a que de la méfiance pour les anciens aristocrates et est maintenant imprégné de sentiments démocratiques fortement enracinés.

Deux pages avant, Kautsky écrivait :

Elle (l'insurrection) surviendra vraisemblablement à la suite d'une grande catastrophe militaire, qui peut facilement éclater sur une despotie militaire...

En démocratie, au moment d'une catastrophe, tout le peuple soutient résolument le gouvernement qu'il a choisi... Sous une despotie, que la masse considère comme la cause de ses souffrances et déteste passionnément, une catastrophe nationale donne l'impulsion à une insurrection générale.

Ainsi donc :

Tout d'abord, Kautsky, non seulement appelle de ses vœux la guerre des démocraties impérialistes contre le despotisme moscovite, mais encore promet un appui complet à ces démocraties;

En second lieu, Kautsky, qui accusait le gouvernement

soviétiste d'étouffer le peuple, en appelle maintenant à l' « école de la révolution », au sentiment démocratique du paysan et même à sa haine contre les officiers blancs.

Il convient de s'arrêter sur ce dernier point. Rappelons en passant que les amis de Kautsky, les menchéviks et particulièrement les s.-r., ont marché ouvertement la main dans la main avec les officiers blancs. Qu'était-ce donc que cette « école de la révolution » à laquelle les paysans ont acquis la haine des aristocrates, des officiers blancs, et sont devenus des « démocrates » ? C'était l'école de la guerre civile et de l'armée rouge, la grande école dirigée, ne vous souvenez-vous pas par qui ? Par les bolchéviks, honorable Monsieur Kautsky. Quant à vos amis, avec leur mot d'ordre de la Constituante, ils étaient de l'autre côté du front.

Ce qui découle de tout cela, ce n'est pas la perspective de l'insurrection, mais celle de l'union du peuple qui, sous la direction du prolétariat, résistera de nouveau héroïquement aux armées impérialistes, si les patrons de Kautsky les lancent contre nous.

Après tous ces raisonnements réactionnaires sur l'insurrection, Kautsky remarque naïvement :

> Peut-être m'objectera-t-on que, quoique mes vues soient justes, il ne faut pas les exposer ouvertement au nom de l'Internationale, car c'est livrer nos camarades de Russie à la vengeance de leurs bourreaux et fournir à ces derniers un prétexte pour de nouvelles persécutions. Je ne redoute pas une telle éventualité. Si les bolchéviks interprètent loyalement notre exposé, ils ne pourront en tirer une justification de leurs persécutions contre les socialistes démocrates. Car nous mettons ces derniers en garde contre la préparation de l'insurrection armée. Quant aux autres insurrections dont nous parlons, elles ne dépendent pas de nos camarades.

A cela nous répondrons par une citation de Dan :

> Kautsky établit une distinction tranchée entre l'insurrection armée préparée et l'explosion spontanée de la

révolte populaire... La classification ne nous paraît pas claire... S'orienter tactiquement sur une révolte générale, c'est en réalité s'orienter sur l'insurrection armée et la guerre civile.

Qu'est-ce à dire ? Peut-être Dan n'a-t-il pas bien compris son maître ? Ou bien est-ce Kautsky qui joue sur les mots, dissimule sa physionomie impérialiste sous un masque de « démocrate », de « socialiste » ? Nous croyons la dernière hypothèse la plus juste. Kautsky « s'oriente tactiquement » sur la guerre extérieure des impérialistes contre nous et sur la guerre civile des blancs contre le peuple, ce qui doit amener au but désiré : occupation de notre territoire, transformation de l'U. R. S. S. en demi-colonie bourgeoise avec un gouvernement faible et une économie faible. La bourgeoisie internationale pourrait être alors tranquille pour longtemps. Or, Kautsky lui souhaite précisément la « tranquillité » et la « stabilité ».

Kautsky n'a pas peur de la réaction. Il est brave. La seule chose qu'il redoute, ce sont les pogromes juifs. C'est là qu'on voit le bout de l'oreille des ânes qui renseignent Kautsky sur la question russe.

En conclusion, il est intéressant de signaler l'accueil fait à la brochure de Kautsky par quelques fractions de notre émigration.

Les menchéviks officiels, par la bouche de Dan, ont condamné une série de propositions de Kautsky. N'empêche qu'en fin de compte ils ont glorifié ce dernier et déclaré que toute sa brochure « est imprégnée de l'internationalisme le plus ardent ».

Les s.-r. officiels, dans un article de Stalikski (*Volia Rossii*), estiment que la brochure de Kautsky est un événement, qu'elle donne le bilan de toute une période et qu'elle fait en somme de Kautsky leur idéologue, car ils ont toujours raisonné exactement comme ce dernier.

La revue du bloc des cadets et des s.-r. d'extrême droite, *Sovrémionné Zapiski*, estime que, « pour le socialisme démocratique russe et la cause de la libération russe, le travail de Kautsky est un de ces ouvrages extrêmement précieux dont le destin ne nous gratifie que bien rarement ».

Dans le même numéro de la revue susmentionnée, le rédaction a jugé devoir insérer un article de N. Berdiaev intitulé : *Pour la défense de la liberté chrétienne*. Berdiaev y dit entre autres :

> La pensée religieuse russe, dans les domaines philosophique et social, est passée inaperçue ; elle n'a pas été appréciée et son influence est restée minime. La responsabilité en incombe à ces intellectuels traditionnellement gauchistes qui, depuis Bélinsky, étaient profondément réactionnaires et arriérés, hostiles à l'esprit de création, à l'esprit de liberté. Préférer Bélinsky à Khomiakov, Tchernichevski à Dostoïevski, Plékanov à Vl. Soloviev, c'est être réactionnaire spirituellement, c'est être obscurantiste, c'est préparer Lénine et l'esclavage de l'esprit.

Berdiaev transforme la révolution en contre-révolution tout à fait à la manière de Kautsky. Dans son ouvrage : *Philosophie de l'inégalité*, il définit la domination des bolchéviks comme une « satanocratie ». Comme Kautsky n'arrive pas à trouver une base sociale pour cette domination et qu'il s'assimile la méthode des Berdiaev en oubliant de plus en plus l'a b c du marxisme, il faut nous attendre à ce qu'il adopte aussi un de ces jours la thèse de la « satanocratie ».

∴

Nous voici arrivé à la fin de notre travail. Les ouvriers et les paysans de l'U. R. S. S., les prolétaires du monde entier doivent se rendre compte de la gravité croissante de la situation. Et ils doivent voir que quelques-uns des chefs de la IIe Internationale s'apprêtent à soutenir les impérialistes dans leur lutte contre les peuples de l'U. R. S. S., pour répéter sur une vaste échelle l'expérience de l'intervention. De notre côté, nous grouperons nos forces en un bloc compact, nous surveillerons attentivement tous les mouvements de l'ennemi et, naturellement, nous réprimerons impitoyablement ses tentatives. Quant à Kautsky lui-même, il peut être tranquille. Plékhanov disait jadis qu'il faut conquérir de haute lutte le droit au poteau d'exécution. Ce droit, Kautsky ne l'a pas conquis. Etre lamentable, il vivra, ou plutôt pourrira sous tous les régimes. Telle est la destinée de cet apôtre de la bourgeoisie internationale.

TABLE DES MATIÈRES

IMPRIMERIE FRANÇAISE, Maison J. Dangon
:: 123, Rue Montmartre, 123, PARIS-2e
:: :: :: Georges DANGON, Imprimeur :: ::

Imprimé en France
FROC031921230919
22214FR00017B/304/P